AF152967

CHRISTIAN EMRICH
MIT DOMINIK KLEIN

07:59

WAS TUN,
WENN ES RICHTIG
BRENNT

MURMANN

INHALT

Intro

Ab jetzt sind wir ein Team!

Wir alle wollen im Alltag schnell, gut und richtig entscheiden. Was schwieriger geworden ist in einer Welt, die kompliziert und komplex ist. Alles könnte immer auch anders sein. Sicherheit und Gewissheit sind passé. Um besser entscheiden zu lernen, möchte ich Sie deshalb in meine Welt mitnehmen. In eine Welt, in der man genau das jeden Tag tun muss: schnell, richtig und gut entscheiden. Oft, um Leben zu retten. Kommen Sie mit in echte Einsatzsituationen und lernen Sie, wie zu welchem Zeitpunkt und mit welchen Informationen Entscheidungen im Einsatz getroffen werden.

Ab jetzt sind wir – Sie als Leserin oder Leser und ich – ein Team.

Sie sind Teil der Feuerwehr. Wir erleben jede Einsatzsituation gemeinsam. Sie hospitieren im Einsatzleitfahrzeug. Schauen Sie mir hautnah über die Schulter. Und zwar praktisch, und nicht nur theoretisch: Die Einsätze beruhen alle auf echten Einsätzen, bei denen ich Einsatzleiter war. Sind Sie bereit? Ich nehme Sie direkt mit, los geht's: Unser erster Einsatz kommt plötzlich. Wir sind gerade unterwegs auf der Fahrt zu einem Termin im Stadtgebiet. Die Leitstelle meldet sich. Der Funksprecher, der den Feuerwehrfunk koordiniert, ist kurz angebunden und gibt uns knappe Informationen. Es wird sofort klar, dass höchster Zeitdruck besteht. »Sie fahren mit Sonderrechten in Richtung Stadtmitte, alles Weitere folgt!« (Mit Sonderrechten ist gemeint: mit Blaulicht und Martinshorn.)
Die gleiche Ansage bekommen noch zwei weitere Fahrzeuge, die ebenfalls über Funk erreichbar sind, da sie sich im Stadtgebiet auf einer Rückfahrt von einem anderen Einsatz befinden. Es wird ruhig. Auffällig ruhig. Jedem ist klar, dass in Kürze neue Informationen folgen, die klare

Entscheidungen erfordern werden. Unser Assistent am Lenkrad macht einen schnellen U-Turn (wechselt auf die gegenüberliegende Fahrspur in die andere Fahrtrichtung) und fährt so schnell und sicher wie möglich mit Blaulicht und Martinshorn in Richtung Innenstadt.

Wir sind bereits zwei bis drei Minuten unterwegs. Fokussiert, mit hohem Risiko, alles unter Kontrolle. Am frühen Mittag fahren wir so schnell wie möglich durch den Großstadtverkehr. Die Leitstelle ruft uns wieder über Funk: »Wir haben inzwischen mehrere Notrufe. In der Altstadt muss ein Pkw in eine Menschenmenge gefahren sein. Gemeldet werden bis zu zehn Schwerverletzte. Mehrere Personen sind unter dem Fahrzeug eingeklemmt. Rettungsdienst ist mit Einsatzleiter Rettungsdienst, mehreren Rettungswagen, Notärzten alarmiert und auf Anfahrt. Ein Rettungshubschrauber ist ebenfalls im Anflug. Alles Weitere ist unklar. Geben Sie umgehend Rückmeldung, wenn Sie vor Ort sind, zur Veranlassung weiterer Maßnahmen und entsprechender Klinikalarmierung «

In diesem Moment passieren wir die Brücke über den Fluss, der die Stadt teilt. Wir wissen, dass wir noch circa 50 Sekunden Zeit haben bis zum Eintreffen an der Einsatzstelle. Am oberen Ende der leicht ansteigenden Straße sehen wir drei Rettungswagen sowie die ersten Fahrzeuge des alarmierten Rüstzuges. Dieser besteht aus dem Führungsfahrzeug des Zugführers, zwei Hilfeleistungslöschfahrzeugen und einem Rüstwagen. Der Rüstwagen transportiert das »große Werkzeug« sowie umfassendes Material« und ergänzt gezielt das »Allzweckmaterial« für Erstmaßnahmen der Hilfeleistungslöschfahrzeuge bei technischen Hilfeleistungen.

Sekunden später sind wir vor Ort und drücken Status vier, um der Leitstelle automatisiert zu signalisieren, dass wir angekommen sind. Das bedeutet auch: Wir haben ab sofort die Verantwortung für diesen Einsatz. Wir müssen umgehend eine Lagemeldung an die Leitstelle per Funk durchgeben, damit die rückwärtigen Maßnahmen, wie Nachalarmierungen weiterer Kräfte, Wachbesetzungen und Klinikalarmierung bei mehreren

Verletzten, erfolgen und ausgelöst werden können.

Vor Ort sprechen wir kurz und knapp jeweils fünf bis zehn Sekunden mit dem ersten Zugführer sowie dem vorläufigen Einsatzleiter Rettungsdienst. Das ist die Besatzung des ersteingetroffenen Rettungswagens. Beide schildern unabhängig voneinander, dass ein Verdacht auf eingeklemmte Personen unter einem Fahrzeug besteht. Insgesamt mehrere Verletzte, genaue Zahlen können sie noch nicht sagen.

Daraufhin veranlasse ich eine strukturierte Sichtung durch die Besatzung eines Löschfahrzeugs der Berufsfeuerwehr. Eine Sofortmaßnahme, um die Patientenzahlen genau zu ermitteln und keine weitere Zeit zu verlieren. Gleichzeitig ist klar, dass das andere Hilfeleistungslöschfahrzeug der Feuerwehr auf sich allein gestellt sein wird, um die technische Rettung unter dem Fahrzeug einzuleiten. Da sich aber ein weiteres Fahrzeug auf dem Weg befindet, kann die Priorisierung erfolgen. Klar ist: Nur wenn schnell die Verletztenzahl und der Schwere-

grad der Verletzungen klar ist, kann den betreffenden Personen geholfen werden. Nach einem derartigen Unfallereignis liegen in der Regel Verletzungen vor, die größtenteils in einer Klinik durch operative Maßnahmen spätestens nach maximal 60 Minuten behandelt werden müssen. Ansonsten besteht die Gefahr des inneren Verblutens der Patienten.

Der Hauptfokus liegt auf der Zeit!

Ziel ist es, die Schwerverletzten innerhalb von 20 Minuten gerettet zu haben, um sie spätestens nach 40 Minuten in Richtung der zugeteilten Klinik abfahren und 60 Minuten nach Ereigniseintritt an die bereitstehenden Notfallteams der Fachdisziplinen (sogenannte Schockraumteams) in den Kliniken übergeben zu können. Sonst kann ihnen je nach Verletzungsmuster möglicherweise nicht adäquat geholfen werden. Der Job der Feuerwehr besteht also darin, dafür zu sorgen, dass nach 20 Minuten alle Patienten gerettet sind und sie nach allerspätestens 40 Minuten die Einsatzstelle in Rich-

tung geeigneter Kliniken mit Schockraumteams verlassen haben.

Der Gruppenführer (Chef eines Löschfahrzeugs, der fünf Einsatzkräfte und
die taktischen Maßnahmen des Teams
inklusive ihrer Durchführung verantwortet) erhält den Auftrag der Sichtung aller Patienten mit dem klaren
Ziel, innerhalb von drei Minuten Rückmeldung zu geben. Was bedeutet, er
muss mit seinem Team in maximaler
Geschwindigkeit eine sich über fast
300 Meter erstreckende Einsatzstelle
erfassen, nach Verletzten absuchen,
diese kontrollieren und einstufen, ob
sie lebensbedrohlich verletzt (Sichtungskategorie I = rot), mittelschwer
verletzt (Sichtungskategorie II = gelb)
oder leicht verletzt beziehungsweise betroffen sind (Sichtungskategorie III = grün). Patienten, die
mit dem Leben nicht vereinbare Verletzungen haben, sind Sichtungskategorie IV = blau). Sie sind bereits
verstorben bei Eintreffen.

Die roten Patienten (bewusstlos, lebensgefährlich verletzt usw.) müssen sofort behandelt und schnellstmöglich in eine geeignete Klinik
transportiert werden, sonst kann die

Lebensgefahr möglicherweise nicht
abgewendet werden. Die gelben
Patienten sind deutlich verletzt
(gebrochener Arm, ausgekugelte
Schulter, Platzwunde usw.). Sie
müssen einer klinischen Versorgung
zugeführt werden, überleben aber
die nächsten Stunden problemlos.
Daher sind sie Teil der Sichtungskategorie II und werden innerhalb von 60
bis 240 Minuten abtransportiert,
wenn die lebensbedrohlich verletzten Patienten in Richtung Kliniken
abgefahren sind. Die grünen Patienten
sind leicht verletzt (Schürfwunden,
kleine Platzwunden, Risswunden, Fuß
umgeknickt usw.). Ihre Verletzungen
würde man im Alltag größtenteils
selbst behandeln oder in der haus-
ärztlichen Versorgung überprüfen
lassen.

Zurück zum Einsatz: Zehn Sekunden
vor Ablauf der drei Minuten (Timer
auf der Uhr läuft!) kommt der Gruppenführer im Laufschritt zu uns und
berichtet: »Dreimal rot« (= drei lebensgefährlich verletzte Personen).
Zwei werden bereits in den beiden
Rettungswagen versorgt. Eine
Person ist definitiv unter dem Fahr-

zeug eingeklemmt – vermutlich bereits verstorben (Ersteinschätzung des Notarztes). Viermal gelb und achtmal grün. Diese werden auf der gegenüberliegenden Straßenseite im Schatten betreut.

Das Gespräch dauert circa zehn Sekunden. Da die Situation jetzt überschaubar ist, habe ich keine Rückfragen und wiederhole nur: »Dreimal rot, zwei werden in den beiden Rettungswagen (ich zeige auf die beiden Fahrzeuge) bereits versorgt. Eine Person definitiv eingeklemmt unter dem Fahrzeug. Viermal gelb und achtmal grün werden auf der gegenüberliegenden Straßenseite im Schatten versorgt« (ich zeige auf die gegenüberliegende Straßenseite und die dortige Menschengruppe, die von zwei Feuerwehrleuten betreut wird). Ich bedanke mich und unterstelle ihn wieder seinem Zugführer. Der Sichtungsauftrag lief nach Rücksprache direkt zu mir, um keine Zeit zu verlieren. Aufgrund der höchsten Priorität, Menschen zu retten, und des enormen Zeitdrucks aufgrund der Anzahl der zu erwartenden Verletzten. Der Gruppenführer dreht sich

direkt um und meldet sich einsatzbereit bei seinem Zugführer, jetzt kann er bei der technischen Rettung beim Unfallfahrzeug helfen.

Zwischenfazit: Innerhalb von dreieinhalb Minuten konnten wir der Leitstelle ein klares Bild über alle wichtigen Informationen liefern.

Sie kann jetzt selbstständig die notwendigen Maßnahmen abarbeiten, sodass in wenigen Minuten der richtige Patient der richtigen Klinik zugeteilt und dort ein Schockraumteam bereitstehen wird. Diese Rückmeldung über Funk gibt unser Assistent ab, er ist am Fahrzeug verblieben, dokumentiert den Einsatz und hält den Funkkontakt zur Leitstelle und den weiteren anfahrenden Einsatzkräften.

Im Hintergrund hört man die lauten Motorgeräusche des im Anflug befindlichen Rettungshubschraubers. Er landet auf einer freien Fläche circa 150 Meter von der Unfallstelle entfernt. Perfekte Ausgangsposition, um schnell einen lebensbedrohlich

Verletzten in eine geeignete Klinik zu fliegen. Dem Zugführer übergebe ich persönlich meine Priorisierung des Einsatzes. Der Schwerpunkt liegt auf der Rettung und dem Abtransport der roten Patienten. Er sorgt dafür, dass die beiden Rettungswagen, die bereits einen Patienten im Fahrzeug erstversorgen, schnell aus der Einsatzstelle fahren können. Die Befreiung der Person unter dem Fahrzeug wird durch das erste Löschfahrzeug und den Rüstwagen durchgeführt.

Kritisch könnte man jetzt fragen, ob es nicht besser wäre, das zweite Löschfahrzeug zur Menschenrettung unter dem Fahrzeug einzusetzen. Aus meiner Sicht hat jedoch die schnelle Erfassung der Gesamtlage und ganzheitliche Rettung der lebensgefährlich verletzten Personen Vorrang. Denn nur wenn eine Gesamtübersicht vorhanden ist und die Kliniken wenigstens ein paar Minuten haben, um ihre Schockraumteams vorzubereiten, wird es die Überlebenschancen deutlich erhöhen.

Nach der Rücksprache (dauert circa 30 Sekunden) übergebe ich den Rettungsdienst an den eingetroffenen Einsatzleiter des Rettungsdienstes, erläutere die Situation und lege mit ihm die Raumordnung fest. Die Rettungswagenbesatzung geht sofort nach der Übergabe an den Einsatzleiter Rettungsdienst in die medizinische Versorgung der Verletzten über. Die Schwerpunkte der Raumordnung: von wo fährt der Rettungsdienst an, und ab und von wo agieren die Feuerwehreinsatzkräfte, inklusive der Option des Lufttransports einer lebensbedrohlich verletzten Person per Rettungshubschrauber.

Es darf nicht passieren, dass ein Patient in einem Rettungswagen im weiteren Verlauf nicht aus der Einsatzstelle herausgefahren werden kann, weil er von anderen Einsatzfahrzeugen blockiert wird, die nur auf ihren eigenen Auftrag achten. Das muss von der übertragenen Führung sofort erkannt und gelöst werden. Es ist unser Job als Einsatzleiter. Bei derartigen Hochstresssituationen ist es völlig normal, dass jeder auf seinen Part in seiner Funktion und vor allem Rolle achtet. Das Vernetzen der Rollen ist Aufgabe der Führung, ansonsten würde sich nicht jeder zu hundert Prozent auf seine Rolle fokussieren können.

Im nächsten Schritt schauen wir uns kurz den Stand der Befreiung der eingeklemmten Person an. Sie ist unter dem Fahrzeug herausgezogen worden und wird bereits von Feuerwehreinsatzkräften versorgt. Die Person ist schwerstverletzt und hat kaum Überlebenschancen. Behandlung und Vorbereitung eines möglichen Transports laufen dennoch auf Hochtouren, bis der Notarzt entscheidet. Im weiteren Verlauf des Einsatzes wird er leider den Tod feststellen müssen.

Aufgrund der Dramatik des Ereignisses kommt auch das Kriseninterventionsteam zum Einsatz. Es betreut die Verwandten und Bekannten, die Glück hatten und überlebten. Ihr Leben steht jetzt still. Sie können nicht fassen, was vor wenigen Augenblicken passiert ist und welche Konsequenzen es auf ihr Leben hat.

In unserer nächsten Rückmeldung an die Leitstelle teilen wir mit, dass die Person, die unter dem Fahrzeug eingeklemmt war, aktuell durch die Feuerwehr und den Rettungsdienst versorgt wird. In Kürze werden die zwei Schwerverletzten abtransportiert in die durch die Leitstelle zugeteilten Kliniken. Aufgrund der bestätigten Einsatzlage werden wir keine weiteren Einsatzkräfte benötigen. Aufgrund der Dynamik in der Situation entschließe ich mich, keine Lagebesprechung mit allen Einsatzabschnittsleitern durchzuführen, sondern diese einzeln abzulaufen. Aufgrund der Örtlichkeit erhalte ich so innerhalb von zwei bis drei Minuten alle aktuellen Informationen und kann die nächsten Schritte und Prioritäten weitergeben. Nach circa 20 Minuten telefoniere ich mit dem diensthabenden Lagedienst in der Leitstelle. Telefonisch beachten wir das Vieraugenprinzip und tauschen uns gleichzeitig über unser Bauchgefühl zur aktuellen Situation aus. Damit weiß jede Seite, in welche Richtung es geht und welche Möglichkeiten eventuell noch vorhanden sind.

Nach 30 Minuten ist die entscheidende Phase des Einsatzes (Crunchtime) beendet.

Ab jetzt führen wir strukturierte Lagebesprechungen an der Tafel durch, mit Zeitstrahl und Prognose, um auch die gelben und grünen Patienten adäquat zu versorgen und bei Bedarf einer klinischen Versorgung zuzuführen. In Abständen von 20 Minuten treffen sich die vier Entscheider des Einsatzes und sprechen sich ab. Nach einer guten Stunde wird die Einsatzstelle der Polizei übergeben, die noch Ermittlungen und Dokumentationsarbeiten vor Ort vornimmt. Feuerwehr und Rettungsdienst rücken ab. Die Betreiber der umliegenden Gebäude werden informiert über mögliche Einschränkungen in den nächsten zwei bis drei Stunden. So lange werden auch Straßenbahn und Busverkehr umgeleitet. Auch das wurde rückwärtig durch die Leitstelle bereits veranlasst. Der Verkehrsmeister der Verkehrsbetriebe wird in die Lagebesprechungen vor Ort einbezogen. Die Auswirkungen auf den ÖPNV (öffentlichen Personennahverkehr) sollen natürlich so gering wie möglich gehalten werden. Dazu bedarf es einer engen Abstimmung, wann welche Buslinie oder Straßenbahn wie und wo fahren kann.

Zum Ende des Einsatzes setzen wir eine abschließende Lagemeldung an die Leitstelle per Funk ab. Und fahren dann zurück zur Wache. Der Einsatz ist beendet? Nicht ganz – zu jedem kritischen Einsatz gehört eine strukturierte Nachbesprechung. Dies dient dazu, Lernpunkte zu erfassen, um gemeinsam aus jedem Einsatz zu lernen und besser zu werden. Denn es ist unser Antrieb bei der Feuerwehr und unser Anspruch an eine professionelle Haltung in Ehrenamt und Hauptamt aller Feuerwehren. Gleichzeitig dient die Aufarbeitung des Ereignisses dazu, psychologische Verletzungen bei Einsatzkräften präventiv zu vermeiden, indem alle Abläufe und Entscheidungen jedem bekannt sind und nachvollzogen werden können, warum zu welchem Zeitpunkt welche Maßnahmen durchgeführt wurden. Dies bedeutet, dass direkt nach dem Einsatz eine kurze Nachbesprechung (maximal fünf bis zehn Minuten) gemeinsam mit dem Einsatzleiter Rettungsdienst stattfindet. Bei Bedarf wird auch einige Tage nach dem Ereignis eine strukturierte Nachbesprechung mit den Führungskräften durchgeführt. Erst wenn alles dokumentiert ist und mögliche Optimierungspunkte in die Fachbereiche weitergegeben sind, ist der Einsatz abgeschlossen. Die Verantwortung für das professionelle Abarbeiten trägt jeder persönlich und in der Hauptverantwortung natürlich ich als Einsatzleiter.

ENTSCHEIDEN UNTER ZEITDRUCK

In diesem Fallbeispiel haben Sie bestimmt bemerkt, wie viele Entscheidungen in kürzester Zeit getroffen werden mussten, um Menschenleben zu retten. Eine vielfache Wechselwirkung von Maßnahmen und deren Auswirkungen mussten berücksichtigt werden. Eine klare Methode vorausgesetzt. Plus Erfahrung. Die Waage zwischen Erfahrung und Routine muss ständig ausbalanciert werden. Jede Lage ist ein neuer »Tanz auf der Rasierklinge«. Diesen Tanz muss man lernen. Und dann in vielen Trainings konsequent durchziehen. Hält man sich an die Spiel-

regeln, kann es nicht schiefgehen. Überzieht man allerdings oder merkt nicht, dass man überzieht, hat es fatale Konsequenzen für Patienten, Einsatzkräfte und die Einsatzmittel (Fahrzeuge und Material). Wussten Sie, dass ein Drehleiterfahrzeug etwa eine Million Euro, ein Hilfeleistungslöschfahrzeug circa 600 000 Euro (zwei davon gehören zu einem Löschzug) und ein Einsatzleitfahrzeug circa 150 000 Euro kosten?
Je nach Einsatz werden weitere Sonderfahrzeuge benötigt, die ebenfalls 400 000 bis 800 000 Euro kosten. Damit verantwortet ein Zugführer eines Löschzugs schnell circa 2,5 Millionen Euro an reinen Sachwerten. Werden einem Löschzug ein bis zwei weitere Löschfahrzeuge und ein Sonderfahrzeug zugeteilt, sprechen wir von vier bis fünf Millionen Euro bei besonderen Einsätzen. Plus die unbezahlbare Verantwortung für seine 16 bis 20 Einsatzkräfte. Eine Einsatzleiterin, die mehrere Löschzüge verantwortet, zeichnet sich damit schnell für Einsatzmittel von über zehn Millionen Euro Neuwert verantwortlich. Übrigens: Für ehrenamtliche Ein-

satzleiter gilt dasselbe. Die freiwilligen Feuerwehren benutzen nahezu dieselben Fahrzeuge wie die Berufsfeuerwehren.

ENTSCHEIDEN IN SCHWIERIGEN ODER UNKLAREN SITUATIONEN

In unklaren Situationen zu entscheiden, ist besonders schwierig! Man weiß nicht, ob Aufwand und Nutzen im Verhältnis stehen. Lohnt es sich, die eine oder andere Maßnahme auszulösen oder ausführen zu lassen? Ist das Investment, das man betreibt, wirklich zielführend und erfolgversprechend?

Andererseits geht es um die Sicherheit von Einsatzkräften und die Rettung von Menschen eben. Dies ist unbezahlbar, und man kann nicht genug Aufwand betreiben. Dennoch muss ich regelmäßig abwägen, ob gewisse Maßnahmen zum Schutz oder zur Rettung von Menschenleben wirklich zielführend oder erfolgversprechend sind. Auch im Nachgang müssen wir Einsatzleiter bei möglichen Ermittlungsverfahren darstellen, weshalb wir zu welchem Zeitpunkt zu welcher Entscheidung gekommen sind und welche Situation sowie Gefahren, Schwerpunkte und Risiken vorlagen. Besonders schwierige Einsätze sind für mich jene, in denen Situationen und Informationen unklar sind. Es lässt sich nicht eindeutig sagen, ob Aufwand und Maßnahmen für die höchste Priorität wirklich zielführend und erfolgversprechend sind. Im Nachhinein sind dann alle schlauer.

Schlafende Bombe.

Eine besonders kritische Situation, ob die Maßnahmen verhältnismäßig sind, ist beispielsweise der Schwelbrand in der Zwischenwand zweier Gebäude. Ein sogenannter Dehnfugenbrand. Diese werden oft durch Bauarbeiten ausgelöst. Das Füllmaterial beziehungsweise die Isolierung zwischen zwei Betonwänden glimmt und raucht vor sich hin. Aus jeder Ritze der Wände. Aufgrund der Situation ist zwar keine akute Panik geboten, indirekt herrscht aber höchste Lebensgefahr für die Personen in den Gebäuden.

Bei Bränden mit Sauerstoffmangel in einem schmalen Spalt werden besonders hohe Konzentrationen an Kohlenmonoxid (CO) produziert. Dieses Gas kann man nicht sehen, nicht riechen, es tötet schnell und leise. Insbesondere schlafende Personen. Wache Personen bekommen Kopfschmerzen, es überkommt sie Müdigkeit, dann schlafen sie ein. Kohlenmonoxid ist neben der frühen Branderkennung der Hauptgrund, weshalb Rauchmelder als Pflicht in allen Wohnungen und Wohnhäusern in Deutschland eingeführt wurden. Bei unserem Brand handelt es sich um ein kritisches Ereignis zwischen zwei Gebäudewänden. Das linke Gebäude ist eine Rohbaustelle und größtenteils abgeschlossen. Auf der rechten Seite der Fuge befindet sich ein Hotel. Beide Gebäude haben zwölf Geschosse und sind ungefähr 25 Meter hoch. In der ersten Phase gilt es herauszufinden, wo die größte Wärme entsteht. Um dort dann die Wände zu durchbohren und vorsichtig Wasser als Löschmittel einzubringen. Der zweite kritische Punkt: Der Rauch zieht vorwiegend nach oben

ab. Kohlenmonoxid hat aber die fiese Eigenschaft, sehr leicht durch fast alle Materialien zu diffundieren. Es kann nach einer gewissen Zeit durch Wände, Ritzen und undichte Stellen dringen.

Diese Einsatzlage erfordert ein bis zwei Löschzüge sowie mehrere Sonderfahrzeuge, die Spezialmaterial an Bord haben für das Aufschneiden von Betonwänden (Schneidlöschverfahren), das Aufbohren von Wänden und das anschließende Einbringen von Löschmitteln. Teams und Führungskräfte sind klar aufgeteilt. Jeder hat einen zugeteilten Bereich, für den er verantwortlich ist und selbstständig die in der Lagebesprechung abgestimmten Maßnahmen umsetzt.

Wir befinden uns am Anfang des Einsatzes. Der Brand ist lokalisiert.

Die Wand hat jetzt viele gebohrte Löcher, in denen die Wärmebildkameras die höchsten Temperaturen angezeigt haben. Diese Arbeiten konnten glücklicherweise durch die Rohbauseite durchgeführt werden. Bei möglichst geringem Schaden.

Der kritische Punkt ist das Kohlenmonoxid. Denn das rechte Gebäude ist, wie erwähnt, ein Hotel mit zwölf Geschossen. Sämtliche Geschosse haben Gästezimmer direkt an die Wand angrenzend, hinter der die höchste Konzentration von Kohlenmonoxid liegt. Wie schließt man jetzt aus, dass in einem der Hotelzimmer akute Lebensgefahr bestehen könnte? Es wäre nicht das erste Mal, dass es in einem der unteren Geschosse brennt und im oberen Geschoss eine schlafende Person nicht mehr aufwacht. Brände auf der ganzen Welt sind der Beweis.

Gleichzeitig gilt es, die Privatsphäre der Hotelgäste zu respektieren. Sowie den Aufwand und Nutzen abzuwägen. Über zwölf Geschosse je vier Hotelzimmer öffnen, kontrollieren und später wieder kontrollieren, denn die Konzentration könnte möglicherweise schnell ansteigen. Wie kann das bewerkstelligt werden? Und vor allem: Unser Hauptgegner ist wie in jedem Einsatz die Zeit.

Wie lange benötigt man, um den Flur und drei Hotelzimmer pro Geschoss auf zwölf Geschossen zu kontrollieren? Nächste Frage: Wie bekommt man die Türen auf? Theoretisch könnte das Hotel bei den heutigen modernen Schließanlagen eine Schlüsselkarte programmieren mit den entsprechenden Schließungen, ähnlich wie für den Reinigungsservice. Aber dann sprechen wir beim Faktor Zeit von 30 bis 60 Minuten, bis die Ergebnisse sicher vorliegen. Denn es müssten mehrere regelmäßige Messungen in den Zimmern vorgenommen werden.

Also bespreche ich mit Geschäftsführung und Diensthabenden im Hotel den aktuellen Stand und die nächsten Maßnahmen. Zunächst brauche ich die gebuchte sowie die reale Zimmerbelegung. Die erste Maßnahme, die ich anlaufen lasse, besteht darin, dass kein Zimmernutzer, der zurückkommt, in sein Zimmer darf. Was zur Folge hat, dass dessen Karten vorübergehend gesperrt werden. Eine Maßnahme, die die Hotelleitung sehr gut kommunizieren und dabei sicherstellen muss, dass die Leute möglichst im Foyer abgefangen und an der Rezeption aufgeklärt werden. Am Whiteboard im

Einsatzleitfahrzeug visualisieren wir grundsätzlich jede Situation, um alle Sinne anzuregen und die Situation schnell und leicht verständlich für neue Einsatzkräfte erfassen zu können.

Wir weisen die Geschäftsleitung an, die Buchungen der betroffenen Hotelzimmer sowie die reale Belegung zum jetzigen Zeitpunkt aufzulisten. Dafür bekommt sie 15 Minuten Zeit. In diesem Zeitraum kontrolliert ein Zugführer mit seiner Löschzugbesatzung die Flure der zwölf Geschosse. Wir erhoffen uns dadurch erste Erkenntnisse, ob Kohlenmonoxid vor Ort gemessen werden kann. Gleichzeitig kontrolliere ich in den 15 Minuten den Erfolg der Löschmaßnahmen auf der linken Seite. 15 Minuten später treffen wir uns alle am Einsatzleitfahrzeug, um den aktuellen Stand der Maßnahmen und die Entwicklung des Glimmbrands zwischen den Wänden zu besprechen.

Wir sind sehr angespannt.
Wir hassen es, wenn wir Feuer und Rauch nicht sehen können.

Daraus resultieren die schwierigsten Entscheidungen, da jeder sich bewusst ist, welche Gefahr durch den entstehenden Rauch eines sogenannten unterventilierten Brandes, also Brennen mit Sauerstoffmangel und enormen Konzentrationen von mehreren 1000 ppm Kohlenmonoxid, besteht. Gleichzeitig kann man bei diesem Brand auch nicht aktiv belüften, wie wir es bei einem Wohnungsbrand tun würden.

Zwei Minuten vor Ablauf der 15 Minuten-Frist zur nächsten Lagebesprechung informiert der Führungsassistent über Funk die betroffenen Führungskräfte und erinnert an die Lagebesprechung. Jeder ist pünktlich am Einsatzleitfahrzeug vor der Lagetafel. Der Zugführer, der die Brandbekämpfungsmaßnahmen auf der linken Seite durchführt, berichtet von abklingenden Temperaturen und langsamer werdender Rauchentwicklung aus den Löchern der Wand. Auch in den Geschossen darüber (er muss zwölf Geschosse des Rohbaus kontrollieren). Der Zugführer, der im Hotel die Flure, die an die Brandwand grenzen, kontrolliert hat, berichtet von unauffälligen Messwerten und bislang keiner Feststellung von Kohlenmonoxd. Die Hotelleitung hat uns die Zahlen geliefert. Alle Zimmer sind gebucht. Aktuell eingecheckt sind acht Personen. Das Problem: Ab 17.00 Uhr sind innerhalb von 90 Minuten alle Personen gewöhnlicherweise vor Ort. Das Hotel kennt seine Gäste und deren Verhalten im Tagesverlauf sehr gut – ein großer Vorteil.

Ich entscheide mich für den nächsten Schritt. Die Zimmer, in denen Personen bereits eingecheckt sind, werden mit freundlichem Anklopfen kontrolliert. Sollte niemand öffnen, weil er nicht da ist, wird dies notiert, und wir öffnen die Türen erst im zweiten Schritt nach der nächsten Lagebesprechung. Diese führen wir 20 Minuten später durch. Klar ist mir zu dem Zeitpunkt bereits, dass wir in der abschließenden Einsatzphase alle Zimmer bis 17.00 Uhr kontrolliert haben müssen. Und wir bis 17.00 Uhr die Brandbekämpfung möglichst abgeschlossen haben sollten. Die Zeit rinnt einem förmlich durch die Finger aufgrund der aufwendigen

Arbeiten und des nicht einsehbaren Brandbereichs zwischen den beiden Wänden. Uns ist bewusst, dass der Brand bereits deutlich weiter sein kann. Denn bis eine Betonwand Wärme an die andere Seite ausstrahlt, dauert es seine Zeit. Derartige Brandsituationen sind eine der schwierigsten Situationen.

Dennoch arbeiten wir strukturiert zwischen Risikoverhältnismäßigkeit und möglichen Maßnahmen. Mit klarer Zeitkontrolle und Pünktlichkeit, um keine unnötige Zeit zu verlieren. So stehen wir 20 Minuten später bei der nächsten Lagebesprechung am Einsatzleitfahrzeug und hören vom Abschnittsleiter Brandbekämpfung, dass die Löschmaßnahmen Wirkung zeigen. Und man ausgehen kann (ohne Garantie), dass wir den Brand in der nächsten Stunde gelöscht bekommen. Da wir in den letzten drei Lagebesprechungen die Kontrolle durch gezielte Löschmaßnahmen erlangt haben. Brand unter Kontrolle bedeutet, der Brandherd breitet sich nicht mehr unkontrolliert aus. Wir wissen, wo er ist, und haben die Mittel, ihn bekämpfen zu können.

Auf der rechten Seite des Hotels berichtet die Zugführerin, dass auf den Fluren weiterhin kein Kohlenmonoxid messbar ist und bereits eingecheckte Hotelgäste bis auf zwei kontrolliert werden konnten. Die Personen waren sehr kooperativ und wurden aufgeklärt, sich umgehend zu melden, das Zimmer zu verlassen, wenn sie Kopfschmerzen oder Übelkeit verspüren. Die diensthabende Hotelchefin sowie den Geschäftsführer nehme ich im Anschluss an die Lagebesprechung wieder mit in den aktuellen Informationsstand. Und erhalte die Maßnahme aufrecht, Personen, die neu einchecken, im Foyer zu behalten. Denn im nächsten Schritt möchte ich die leeren Hotelzimmer kontrollieren, natürlich unter Aufsicht der Hotelleitung. Insofern betroffene Gäste in der Lobby anwesend sind, sollen sie uns begleiten, damit wir nicht allein ihr Zimmer betreten, um die Messungen durchzuführen. Aufgrund der abklingenden Einsatzphase geben wir uns 30 Minuten Zeit und treffen uns dann am Einsatzleitwagen zur Lagebesprechung wieder.

Ich nutze die Zeit, um einige Schritte Abstand von der Einsatzstelle zu gewinnen und mit größerem Abstand darauf zu schauen. Für mich immer eine sehr hilfreiche Maßnahme, um unterschiedliche Perspektiven einzunehmen, sodass nichts übersehen wird.

Ich schaue von der gegenüberliegenden Straßenseite auf die zwölf Geschosse des Hotels sowie des Rohbaus. Und umkreise dann den Gebäudekomplex. Zehn Minuten später bin ich wieder im Einsatzleitfahrzeug und checke noch einmal die Brandbekämpfungsmaßnahmen, indem ich mit den verantwortlichen Kollegen persönlich spreche. Danach begebe ich mich in die Hotellobby und spreche mit Geschäftsführer und Hotelchefin, die gerade von der Zimmerkontrolle mit den drei Gästen zurückkommen, die in der Lobby gewartet haben. Auch diese Zimmerkontrollen verliefen negativ.
Der letzte Schritt kann beginnen: die Kontrolle der restlichen Zimmer, in denen bis jetzt niemand eingecheckt ist. Wir messen an der Decke, die Kohlenmonoxid-Konzentratio-

nen liegen 30 Minuten später bei der nächsten Lagebesprechung vor. Wenn notwendig oder möglich, kommuniziert man die Ergebnisse bereits vorab an mich, damit ich mir die nächsten Schritte überlegen kann. Im Bereich der Brandbekämpfung entsteht kein Rauch mehr in der Fuge. Das bedeutet, dass wir den Brand erfolgreich löschen konnten. Wir müssen die Situation aber noch länger kontrollieren. Grund dafür ist das extreme Glimmverhalten der Materialien, die zwischen derartigen Wänden verbaut werden oder sich über Jahrzehnte möglicherweise angesammelt haben (Staub und Dreck aller Art). Die Zugführerin des Abschnitts Hotelkontrolle berichtet, dass aktuell noch die letzten zwei Zimmer gemeinsam mit der Hotelleitung kontrolliert werden. Aber auch hier keine auffälligen Messwerte.

Ich entscheide mich, in der Lagebesprechung einen Gang zurückzufahren. Wir kontrollieren nochmal den Rohbau und die letzten beiden Zimmer. Wiederum 30 Minuten später hat sich die Gesamtsituation wei-

ter stabilisiert, es gibt kein weiteres Aufflammen des Glimmbrandes und sämtliche Zimmer sind kontrolliert. Hotelleitung und Geschäftsführung sind beruhigt. Anstrengende 2,5 Stunden später können wir die Einsatzstelle der linken Seite an die Bauleitung übergeben und die rechte Seite an den Geschäftsführer des Hotels. Wir werden in der Folge mehrere Ansichten fahren und alle 60 Minuten, dann alle 120 Minuten Kontrollen durchführen. Diese Aufgabe übernimmt der Zugführer Brandbekämpfung, da er die Lokalität jetzt bestens kennt und genau weiß, wo zuletzt Rauch und Wärme gemessen wurden.

Der Bauleiter wird angewiesen, ebenfalls regelmäßig zu kontrollieren und bei irgendeinem kleinen Verdacht sofort die 112 anzurufen, damit wir schnellstmöglich vor Ort kommen können. Gleiches gilt für die Hotelleitung, für die allerdings keine weitere Gefahr zu erwarten ist. Durch die Brandbekämpfungsmaßnahmen wurde am oberen Teil der Dehnfuge viel Raum geschaffen, sodass Brandgase abziehen können.

Daher ist jetzt der Zeitpunkt gekommen, die Situation freizugeben. Ich verabschiede mich und bedanke mich für die gute Zusammenarbeit. Wir bauen umgehend die Lagertafel am Einsatzleitfahrzeug ab, danach setzen wir uns ins Fahrzeug und fahren zurück zur Feuerwache.

METHODEN SIND DIE ENTSCHEIDUNGSHELFER SCHLECHTHIN

Was haben wir bis hierher gelernt? Ja, wir treffen erstens die wenigsten Entscheidungen aus der Hüfte heraus. Alle Entscheidungen müssen zweitens klar abgewogen und bewertet sein, bevor sie kommuniziert werden. Dafür stehen uns klare Methoden zur Verfügung, die in diesem Buch aufgezeigt, erläutert und mit Praxisbeispielen untermauert werden. Eines wissen wir jetzt auch: Immer wieder gibt es Situationen, in denen wir nicht genau wissen, wie wir zu entscheiden haben und in welche Richtung der Einsatz läuft. In diesen Phasen ist es sehr wichtig, konsequent die Entscheidungsmethoden strukturiert durchzuführen und sich in kleinen Schritten nach vorne zu arbeiten.

Wir kennen dafür zwei Methoden: erstens für sofortige Entscheidungen und zweitens für strategische Entscheidungen. Beide lösen komplexe Probleme. Dennoch müssen wir jedes Mal abwägen, wie viel Zeit wir uns geben oder zur Verfügung haben, um überhaupt in Ruhe, wenn man davon sprechen kann, analysieren zu können.

Beide Methoden stellen wir Ihnen im weiteren Verlauf des Buches vor. Mit Praxisbeispielen aus Feuerwehr, Sport und Wirtschaft. Bei Vorträgen und Seminaren ist es übrigens echt beeindruckend, wie gut selbst Laien, die vorher eine kurze Methodeneinweisung erhalten haben, ihre eigenen oder scheinbar unlösbaren Probleme in kurzer Zeit visualisieren und damit den Lösungsweg aufzeigen können. Der größte Feind, um Entscheidungen zu treffen, ist aus meiner Sicht die Detailtiefe, in die man zu schnell eintaucht, wenn man viel Wissen zu einer speziellen Thematik oder Problemstellung hat.

Wir kennen das von den Innovations-
methoden. Auch dort sagen sowohl alle Untersuchungen als
auch Praxiserfahrungen, dass nur
eine möglichst diverse Gruppe mit
unterschiedlicher Perspektiven
bestmögliche und vor allem neue
Entwicklungen erreichen kann. Insbesondere fachfremde Personen
sind dort oft der wertvollste Beitrag,
da die wichtige Nutzersicht besser
aufgezeigt wird.
Das Versprechen dieses Buches
lautet daher: Einfach und gezielt
entscheiden können.

MEINE BRENZLIGSTEN SITUATIONEN

In einem persönlichen Kapitel nehme
ich Sie schließlich mit in Einsatzsituationen, in denen Entscheidungen sehr schwer zu treffen waren.
Ich berichte Ihnen möglichst offen
und transparent – unter Berücksichtigung der Menschenwürde
und des Datenschutzes anonym als
Einsatzleiter.

Do it yourself.

Danach sind Sie dran und können
nach der Lektüre ganz praktisch ihre
eigenen Entscheidungen besser treffen und nachverfolgen. Ich wünsche
Ihnen viel Spaß beim Lesen, Erfolg
beim Beurteilen, Prognostizieren und
Entscheiden. Und natürlich immer
gute Entscheidungen!
Gute Entscheidungen zu treffen, ist
auch in der Welt des Sports von
höchster Relevanz. Deshalb habe ich
meinen Freund und Handballkolle-
gen Dominik Klein gebeten, dieses
Buch mit seinen persönlichen Sicht-
achsen auf das Thema zu bereichern.

**Herausgekommen ist eine kleine
Geschichte des Handballwelt-
meisters und ARD-Experten
(»Der kleine Klein«, haha), in der
das strategische Entscheiden und
das sofortige Entscheiden beispielhaft anhand einschneidender
Ereignisse erörtert werden.**

Einmal die strategische Entscheidung des Sportlers und Ehemanns, nach Frankreich zu wechseln, vom großen THW Kiel nach Nantes. Und einmal das sofortige Entscheiden in einer Spielsituation. Der autobiografische Text von Dominik zeigt, wie nah sich Feuerwehr und Handball sind, wenn es um die Einschätzung unerwarteter Ereignisse und ihre Bewältigung geht.

Entscheiden Sie jetzt!

Was es in diesem Buch alles zu lernen gibt

Keine Ausrede. Entscheidungen in Extremsituationen zu treffen, ist schwierig. Das hängt unter anderem mit den Sackgassen zusammen, die auf einen lauern. Viele Leute navigieren sich nämlich dorthin und merken dann, dass es nicht mehr weitergeht. Sackgassen, in denen man nicht mehr vor und zurück kann, da der Spielraum zeitlich, örtlich, situativ oder auch finanziell verspielt ist. Das möchte jeder vermeiden. Stellt sich deshalb die Frage: Wann ist überhaupt der richtige Zeitpunkt, um eine Entscheidung zu treffen?

In diesem Buch erfahren Sie, wie Feuerwehrprofis entscheiden (und von meinem Freund Dominik Klein, wie es die Handballer tun). Wir kennen Entscheidungssituationen nur zu gut aus unserem Berufsalltag. Entscheidungen sind unser tägliches Brot. Dazu gehören strategische Entscheidungen in einer langsam »aufwachsenden« (wie wir es nennen) Einsatzlage. Zeit ist vorhanden, und man kann die Situation und deren Entwicklung in einer guten Tiefe analysieren. Gleichzeitig kann man aktives Monitoring betreiben und mit visuellen Hilfsmitteln darstellen, wohin die Entwicklung geht. Einige Einsatzlagen kann man dadurch bereits im Keim durch aktive Prävention, durch frühzeitige strategische Entscheidungen oder proaktives Vorgehen ersticken. Zu einem Zeitpunkt, zudem es noch unpopulär ist, Maßnahmen zu ergreifen, da ja »bisher nichts passiert ist«.

Das Problem 1: Wir sind alle nur Menschen. Deshalb schieben wir vieles auf die lange Bank. Das Problem 2: Je später sich eine

Lage (Einsatzlage) ausgeprägt, desto mehr Ressourcen, Engagement und Budget werden benötigt. Zudem muss ein zusätzliches Risiko für Einsatzkräfte in Kauf genommen werden.

›› Wir kennen alle diese Situationen im privaten oder im Joballtag.

Situationen, die sich in der Alltagshektik immer stärker entwickeln. Man läuft sehenden Auges in eine Situation, oder eine Thematik läuft nebenher. Dann hoffen wir unbewusst, dass sie nicht eintritt.

Ich verspreche Ihnen in diesem Buch: Sie können künftig in weniger als zehn Minuten »Ihre Lage« analysieren, sich Ziele und Nichtziele setzen und auf Ihrem persönlichen Zeitstrahl selbst visualisieren, wo Sie bis wann hinkommen wollen. Inklusive Risikoeinschätzung, was der beste, der wahrscheinlichste und der schlechteste Fall ist. Und inklusive der entscheidenden Knackpunkte, die auf Sie in der Entscheidungsfindung warten.

Mit unserer 8-Minuten-Methode eliminieren Sie im Handumdrehen Ihre Stressoren, die im Hintergrund schwelen. Sie stellen Ihre nächsten Schritte selbst dar. Mit Stift und einem Blatt Papier. Versuchen Sie es und nutzen Sie die Entscheidungsmethodik der Feuerwehrprofis! Im Kapitel 2 finden Sie entsprechende Vorlagen. Dann können Sie das Gelesene sofort selbst anwenden.

›› Do it yourself.

Ganz anders gelagert sind plötzliche, unklare Situationen, die man als »komplex« oder »kompliziert« ansieht. Situationen, die durchaus für andere »recht einfach« erscheinen können. Das ist völlig in Ordnung. Genauso in Ordnung ist es aber auch, wenn Sie sie als »äußerst komplex« einschätzen. Feuerwehrprofis geht es nicht anders. Nicht jeder hat bei jeder Thematik denselben Erfahrungsschatz. Es werden regelmäßig Situationen koordiniert, die es vorher nie gegeben hat.

Das komplexe und dynamische System »Millionenmetropole« mit Faktoren wie Menschen, Infrastruktur, Industrie, Internetwelt, Klein- sowie Großveranstaltungen muss stets zielorientiert koordiniert werden. Ist das System »ausgelenkt«, muss es wieder »eingelenkt« und auf seine normale Bahn in den Regelbetrieb gebracht werden.

Eine Großstadt ist aber keine Maschine mit messbaren und voneinander klar abgegrenzten Parametern. Blicken wir etwas detaillierter hinein. Der öffentliche Nahverkehr ist ein entscheidender Faktor für den Abtransport von Zehntausenden Zuschauern bei einer Großveranstaltung. Er besteht aus mehreren autarken Systemen. Bedeutet, wenn die S-Bahn steht, fahren Busse, Straßenbahnen und U-Bahnen weiter. Diese können einen Teil der S-Bahn kompensieren. Jedoch nur, wenn entsprechend aktiv und zielgerichtet, früh und ohne Zeitverzug informiert wird. Auf Kanälen, auf denen die Zielgruppen unterwegs sind. Oder an denen sie automatisch vorbeikommen – beispielsweise digitale Werbetafeln an Haltestellen und Bahnhöfen. Dass hier gleichzeitig dieselben Verkehrswege beansprucht werden für die Anlieferung von Firmen, den Abtransport von Equipment bei Großveranstaltungen oder aufgrund einer Panik in Wirtshäusern durch die Nachrichtendynamik in den sozialen Medien, kommt erschwerend hinzu.

>> Dennoch: Komplexe Situationen sind normal. Wir können sie mit klarer Methodik erfassen, analysieren und zielgerichtete Maßnahmen ableiten.

Es gilt, keine Zeit zu verlieren. Man weiß nie, was als Nächstes passiert und die Situation deutlich verschlimmern könnte. Es gilt außerdem, Ruhe zu bewahren und die Zeit – im Einsatz oft nur wenige Minuten oder Stunden – effizient und effektiv zu nutzen.

Voraussetzung dafür ist eine trainierte und einstudierte Methodik. Mit einem Team, das unterschiedlich aufgestellt ist: Jung und alt, auf die Situation bezogen »erfahren« und »unerfahren«.

Das kennt man aus der Innovationsmethodik. Nur »Gleichgesinnte« erreichen nicht die Tiefe bei der Analyse des IST-Standes und können bei der anschließenden SOLL-Entwicklung beziehungsweise Prognose nicht die Breite der Themen abdecken. Damit besteht die Gefahr, dass wichtige Themen übersehen werden. Daher ist bei Teamzusammenstellungen unbedingt darauf zu achten, dass diese möglichst breit aufgestellt sind.

Bei Einsätzen vor Ort wendet die Feuerwehr in den ersten Minuten eine noch schnellere Methode an. Hier gilt es, innerhalb von ein bis zwei Minuten, teilweise sogar innerhalb von Sekunden, Entscheidungen zu treffen. Bei extrem dynamischen Lagen muss in kurzer Zeit eine große Zahl an Entscheidungen getroffen werden. Hier geht die Feuerwehr in drei Schritten vor:

LAGEERKUNDUNG, BEURTEILUNG, BEFEHL

Dreh- und Angelpunkt ist die Lageerkundung, welche in vier Phasen unterteilt wird. Mit der Frontalansicht wird der erste Blick auf das Objekt erfasst, die Innenansicht liefert den ersten Eindruck im Treppenraum, die Personenbefragung sucht Informationen von Personen vor Ort, und die Rundumansicht zeigt, wie sich die Situation auf den Seiten und vor allem hinter dem Gebäude oder Unfallobjekt darstellt.

Danach wird priorisiert in der Reihenfolge: Tier- und Menschenleben, Umwelt, Sachwerte. Entsprechend werden die mit den jetzt verfügbaren Mitteln möglichen Maßnahmen befohlen. Im Anschluss erfolgt direkt die nächste Erkundung in den vier erwähnten Phasen, und man erhält weitere Eindrücke, noch mehr Details und Hintergrundinformationen. Danach wird wieder beurteilt und bei Bedarf die Befehle an die Hilfeleistungslöschfahrzeuge angepasst.

So arbeitet sich jede Führungskraft auf jeder Ebene bis zur Einsatzleitung immer wieder konsequent durch den sogenannten Führungsvorgang (Lageerkundung, Beurteilung, Befehl). Dadurch sichert die Feuerwehr autarkes, selbst organisiertes Arbeiten im jeweiligen Zuständigkeitsbereich. Und es kommen bei der übergeordneten Führungskraft nur die Informationen und Bedarfe an, die wirklich notwendig sind. Alles, was selbst gelöst werden kann, wird im Team mit eigenen Mitteln gelöst. Der Unterschied zwischen einer Strategieentwicklung mit Zeitansatz mehrere Minuten bis zu mehreren Stunden sowie dem sofortigen Ad-hoc-Entscheiden vor Ort wird in den nachfolgenden Einsatzbeispielen näher erläutert.

» Grundsätzlich gilt: Entscheiden Sie, sonst tun es andere für Sie!

Keine Sorge: Niemandem stehen hundert Prozent aller Informationen zu. Das ist ein absoluter Trugschluss. Für die Feuerwehr ist diese Erkenntnis normal. Jede Feuerwehrfrau und jeder Feuerwehrmann, wie auch deren Teamleiter als Führungskräfte eines Einsatzfahrzeugs oder Zugführer von mehreren Einsatzfahrzeugen, haben nie alle Informationen zur Verfügung. Die Einsatzkräfte, die in ein brennendes Haus müssen, haben weder den Bauplan noch die Einrichtungen und den Zimmerplan zur Verfügung. Klar, es wäre hilfreich, wenn sie immer wüssten, wo genau etwa der Gasanschluss ist. Das ist innerhalb kürzester Zeit bei normalen Gebäuden nicht zu erfassen. Die dafür investierte Zeit würde Menschenleben kosten!

Daher seien Sie mutig und entscheiden Sie. Das Handwerkszeug erhalten Sie in diesem Buch inklusive Beispiele aus der Feuerwehr- und Sportwelt. Auch auf dem Spielfeld und im Alltag müssen Sportprofis Entscheidungen treffen. Bisweilen müssen sie intuitiv im Bruchteil einer Sekunde entscheiden.

Das wiederum funktioniert nur durch höchste Handlungssicherheit, die man durch hohe Wiederholungszahlen erhält. Lesen Sie selbst nach in unseren Sportkapiteln zwölf bis 14 von Handballweltmeister und ARD-Experte Dominik Klein, wie er Entscheidungen getroffen hat. In der Karriere als biografische Entscheidungsskizze. Vor allem auch, warum er einer der besten Handballspieler der Welt wurde.

Sofort oder strategisch?

Methoden und Werkzeuge der Feuerwehr

Doch jetzt erst einmal wieder zurück zur Feuerwehr. Sie ist mein Beruf und meine Berufung.

SOFORTENTSCHEIDUNGEN VOR ORT IN KRITISCHEN EINSATZLAGEN

Direkt nach Eintreffen des ersten Einsatzfahrzeugs müssen schnellstmöglich so viele Informationen wie möglich gesammelt werden. Damit die Führungskraft eines Hilfeleistungslöschfahrzeugs mit Verantwortung für sechs bis neun Einsatzkräfte nicht in Hektik verfällt, hat sie eine klare Methodik gelernt, um vor Ort die richtige Entscheidung zum richtigen Zeitpunkt mit der bestmöglichen Informationslage treffen zu können.

DER FÜHRUNGSVORGANG

Dieser Vorgang ist in der deutschlandweit gültigen Feuerwehrdienstvorschrift 100: »Führen und leiten im Einsatz« festgelegt. Sie wird einheitlich geschult. Ehrenamtliche Führungskräfte erlernen ihn genauso wie Profis bei Berufsfeuerwehren als »Gruppenführer:in« (Chef eines Löschfahrzeugs mit Mannschaft).

Bitte lesen Sie auf Seite 38 weiter; jetzt erst einmal auf zwei Doppelseiten unsere Basis-Templates für sofortiges sowie strategisches Entscheiden.

Sofort entscheiden

SITUATION

Allgemeine Lage

Uhrzeit Ort Wetter

ERGEBNIS

2Min

KOMMUNIKATION
Aufträge, Befehle,
allgemeine Informationen je
nach Rolle / Funktion in der Lage

KOMMUNIKATION

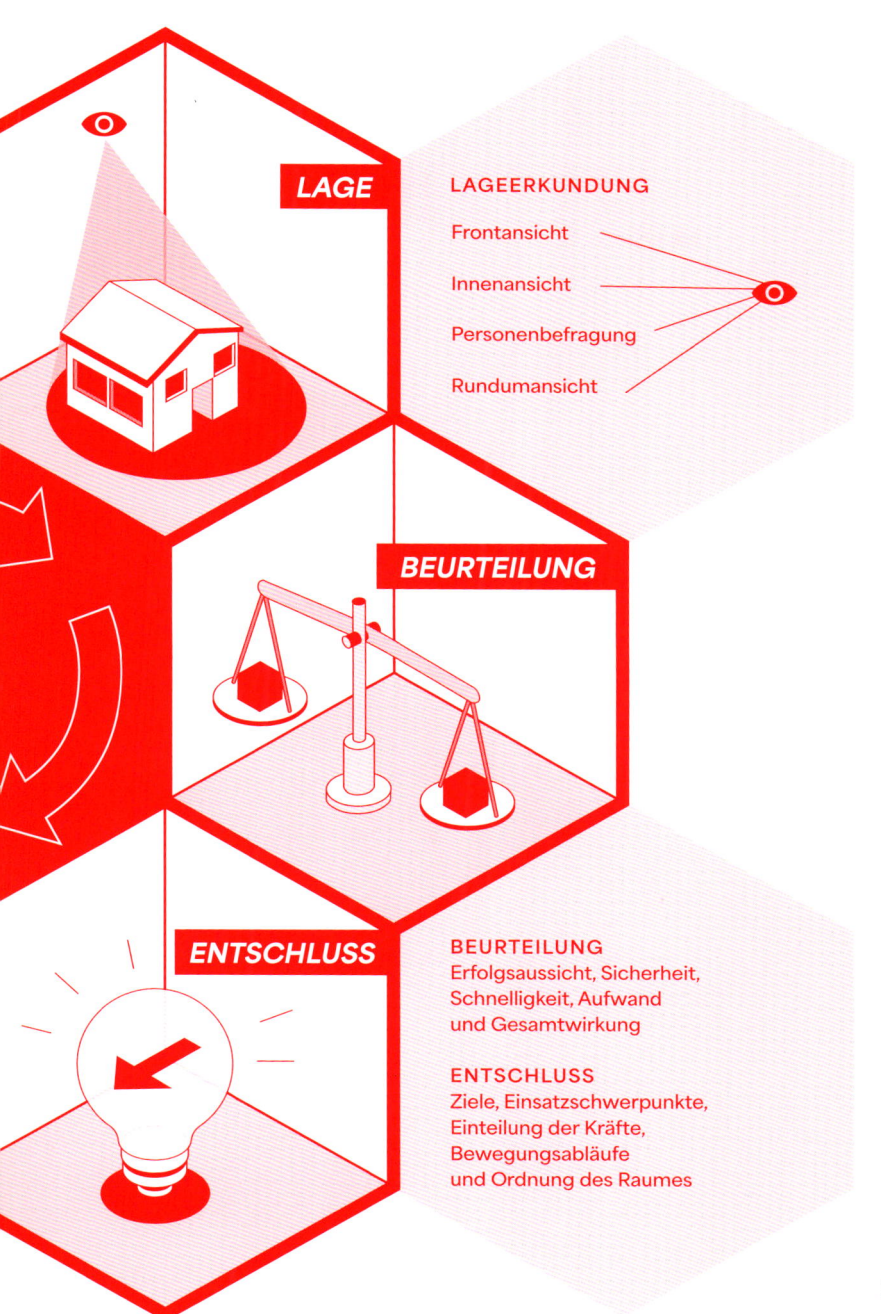

LAGE

LAGEERKUNDUNG

Frontansicht

Innenansicht

Personenbefragung

Rundumansicht

BEURTEILUNG

ENTSCHLUSS

BEURTEILUNG
Erfolgsaussicht, Sicherheit,
Schnelligkeit, Aufwand
und Gesamtwirkung

ENTSCHLUSS
Ziele, Einsatzschwerpunkte,
Einteilung der Kräfte,
Bewegungsabläufe
und Ordnung des Raumes

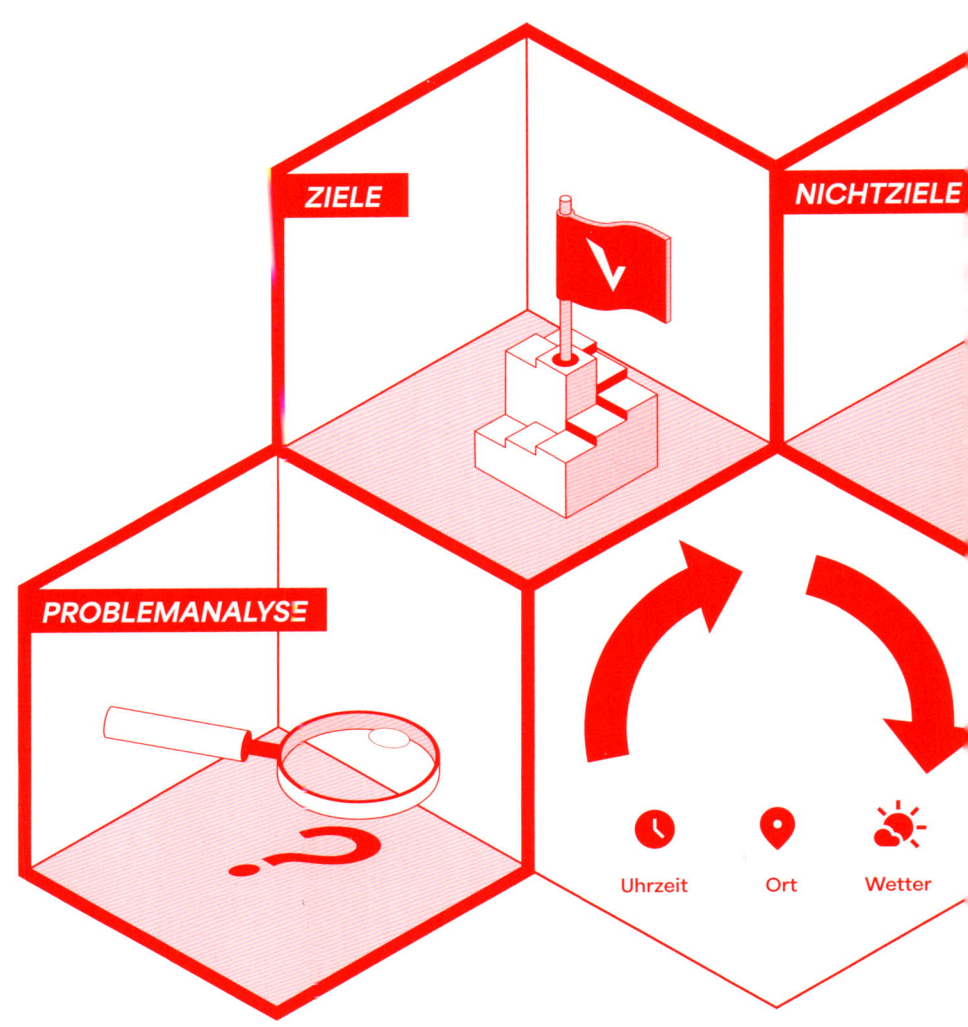

Strategisch
entscheiden

MASSNAHMEN

Inhalt	Wer	Bis wann	
1.			☐
2.			☐
(N)			☐

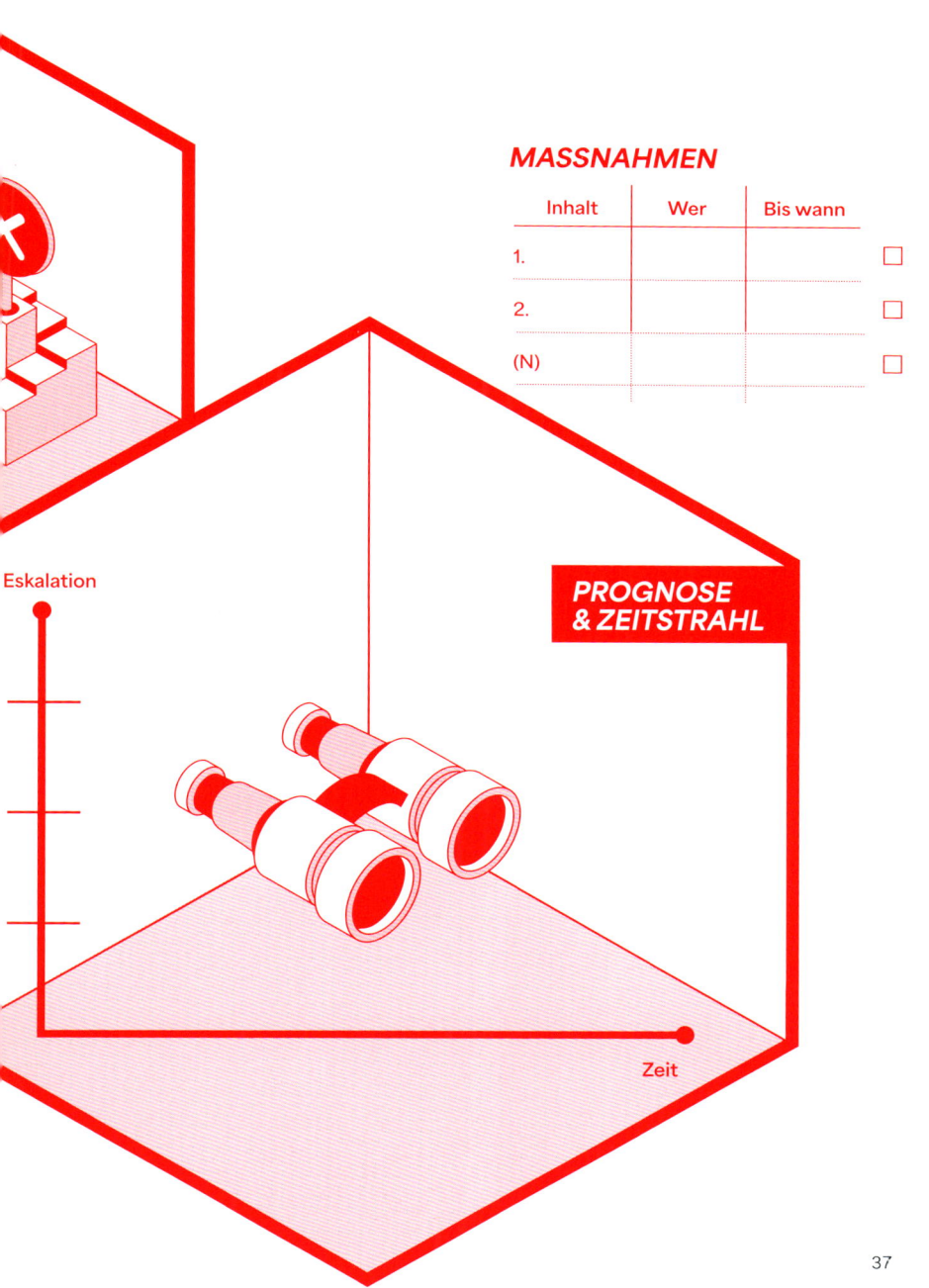

Eskalation

Zeit

PROGNOSE & ZEITSTRAHL

In den vier Phasen der Erkundung sollte damit jede Führungskraft in der Lage sein, mindestens eine »80-prozentige« Entscheidung zu treffen und die richtigen Prioritäten festzulegen. Eine solche Entscheidungssicherheit gelingt durch konsequentes Training im Alltag. Denn jede Führungskraft weiß: Wenn eine der vier Phasen aus Gründen wie Zeitdruck weggelassen wird, wird der Einsatz für die Einsatzkräfte oder für die zu rettenden Personen gefährlich. Deshalb werden in Ausbildung und Training derartige Grenzerfahrungen – auch über der Grenze, wenn es schiefgeht – trainiert. So wird sichergestellt, dass alles in Stresssituationen »nachts um zwei Uhr« funktioniert, wenn plötzlich Flammen aus dem Fenster schlagen und mehrere Leute mit Leitern gerettet werden müssen.

Die Führungskraft kann einzelne Phasen zur schnelleren Abarbeitung auch delegieren. Jedoch <u>muss</u> sichergestellt sein, dass zur Beurteilung alle Informationen der vier Phasen vorliegen. Nur so kann eine fundierte und richtig abgewogene Entscheidung getroffen werden. Mit der Entscheidung wird auch die Priorisierung festgelegt. Welche Maßnahmen können mit den vorhandenen Einsatzmitteln (Mannschaft + Gerät) überhaupt eingeleitet und umgesetzt werden?

Die Grundpriorisierung ist klar geregelt:

1. Menschen- und Tierrettung,
2. Umwelt,
3. Sachwerte.

Diese fixierte Priorität ist der entscheidende Vorteil in einer dynamischen Erstphase. Jeder Einsatzkraft ist klar, dass, solange eine Menschenrettung läuft, Umwelt und Sachwerte hintenanstehen.

Natürlich unter der Voraussetzung, dass noch nicht die richtigen oder ausreichenden Einsatzmittel vor Ort sind, um die Gefahren der untergeordneten Prioritäten abzuwehren und zu beseitigen.

In den ersten Minuten muss die ersteintreffende Feuerwehrführungskraft immer mit einer gewissen Mangelverwaltung arbeiten, da nicht für alle notwendigen Maßnahmen ausreichend Einsatzmittel zur Verfügung stehen. Diese befinden sich möglicherweise bereits auf der Anfahrt oder müssen durch eine Nachforderung bei der Leitstelle angefordert werden. Für die Feuerwehr ist das eine »normale« Situation. Im Ernstfall wird permanent versucht, die richtigen Mittel an die Einsatzstelle zu bringen.

STRATEGIE: PROBLEMANALYSE, ZIELE, NICHTZIELE, ZEITSTRAHL UND PROGNOSE

Erfolgsfaktoren der Einsatzführung

Mangelverwaltung ist für jede Entscheidungsfindung die zentrale Herausforderung. Der Begriff Einsatzführung bedeutet in diesem Zusammenhang, dass man mit einem Ressourcenmangel in nahezu jede Einsatzlage einsteigt und sie dann auch bewältigen muss. Das Manko beginnt bereits bei den Einsatzkräften. Es benötigt Zeit, bis sie vor Ort eingewiesen sind, um was es geht und was ihr konkreter Bereich sowie Auftrag ist. Danach starten sie ihre Arbeit. Doch schon taucht das nächste Problem auf: Die Wirksamkeit ihres Tuns kann erst später eintreten als aus Sicht der Einsatzleitung gedacht.

Dann gilt es, entsprechend nachzuschärfen, weitere Kräfte vor Ort zu bringen und zu überprüfen, ob der Fokus auf der Ursache liegt oder andere Symptome die Kräfte binden, ohne die Ursache zu lösen. Nur selten gilt der Grundsatz: »Viel hilft viel«. Meistens geht es um die Fokussierung und Ursachenbekämpfung statt darum, die Symptome und Auswirkungen anzugehen, die insbesondere bei Großschadenslagen in den ersten Einsatzphasen nicht bewältigbar sind.

Deshalb sehr wichtig: Priorisieren sowie Aufträge und Befehle klar formulieren. Der Unterschied zwischen Auftrag und Befehl kann übrigens entscheidend sein.

Auftrag oder Befehl?
Die Gefahrenabwehr unterscheidet zwischen Auftrag und Befehl. Was ist der Unterschied?

Auftrag
ist ein Aufgabenbereich, der mit hoher Selbstständigkeit durch die beauftragte Führungskraft und ihre Mannschaft umgesetzt wird. Die beauftragte Führungskraft erhält das Vertrauen und die Verantwortung, den Auftrag in der zur Verfügung gestellten Zeit mit den vorhandenen Einsatzmitteln abzuarbeiten. Nach erfolgreicher Beendigung des Auftrags meldet die Führungskraft an die Einsatzleitung und erhält den nächsten Auftrag.

Befehl
ist eine eindeutig formulierte Aufgabe für eine Führungskraft. Es wird klar vorgegeben, mit welchem Werkzeug etwas in welcher Zeit zu erledigen ist. Die beauftragte Führungskraft hat die Aufgabe, mit ihrer Mannschaft es genauso umzusetzen. Dabei übt sie eine Controlling-Funktion aus. Bedeutet: Die Führungskraft hat zwar die Verantwortung inne, muss aber nur bedingt mitdenken, wie man es womöglich anders lösen könnte. Obwohl: Sprechen klare Beweggründe gegen die Umsetzung des Befehls, kann die Führungskraft der übergeordneten Führung einen alternativen Vorschlag melden.

Wird dieser abgelehnt, muss der Befehl so umgesetzt werden wie beauftragt.

❯❯ Richtig entscheiden braucht selbstbewusste Menschen.

In der modernen Gefahrenabwehr arbeitet man deshalb verstärkt mit hoher Selbstverantwortung. Was sehr gute Führungskräfte erfordert, die eine hohe Auffassungsgabe, Selbstbewusstsein und fachlich ein taktisches Grundverständnis für die Einsatzmittel mitbringen. Zu betonen ist hier, dass es keine grundsätzlich richtige oder falsche Vorgehensweise gibt. Für die Komplexität der Gefahr gilt: Die konkrete Situation muss mit der konkreten Führungskraft und deren Tagesform abgeglichen werden. Ansonsten kann es schnell für die Führungskraft und vor allem für deren Mannschaft gefährlich werden.

FÜHRUNGSKRÄFTE DOSIERT EINSETZEN – JE NACH EIGNUNG, ERFAHRUNG UND VOR ALLEM SITUATION

Wir blicken tiefer. Beispiel: Eine Führungskraft A kann im Alltag sehr gut antizipieren, erkennt Situationen und hat immer drei taktische Optionen bei der Unfallrettung im Straßenverkehr in petto. Im Brandeinsatz hingegen ist Führungskraft A nur begrenzt handlungssicher, und in kritischer Hochstressphase bringt sie ihre beste Leistung nur bei klarer Ansage eines Befehls. In einer eng gesteckten Aufgabe, in der die Art und Weise der Umsetzung beschrieben ist.

Will sagen: Jeder performt an seinem Platz am besten. Dies gilt auch für den Unternehmensalltag. Nicht jede Arbeitskraft hat Spaß daran, zu konzipieren oder ein Projekt neu zu entwickeln. Das Projekt hingegen umzusetzen, läuft »wie am Schnürchen«, und die Person hat richtig Spaß an der Arbeit. Dieses typen- und (tages-) formabhängige Arbeiten ist auch elementar für die langfristige Personalentwicklung. Natürlich lernt man durch Fehler. Jedoch lernen und entwickeln sich Personen in positiver Umgebung und bei leistungsgerecht dosiertem Fordern und Fördern am besten und am schnellsten.

›› Nur so lässt sich die Wirksamkeit im Einsatz erfolgreich erreichen.

Absicht der Einsatzleitung

Damit Führungskräfte im Einsatz möglichst frei und autark arbeiten und entscheiden können, ist es wichtig, Richtung und Zielsetzung der Einsatzleitung festzulegen und aktiv zu kommunizieren. Die Wege in der Kommunikation können unterschiedlich sein. Es kann beispielsweise die Startfolie in einem Lagevortrag sein, ein Plakat im Führungsraum des Stabes beziehungsweise der Einsatzleitung oder auch die Einleitung eines Marschbefehls, wenn Einheiten in ein bestimmtes Einsatzgebiet entsandt werden.

Informationsfluss

Hier muss klar geregelt sein, über welche Kanäle der »Informationsfluss« läuft und auf welchen Kanälen oder Medien Aufträge, Befehle, Lagemeldungen kommuniziert sowie dokumentiert werden.

Holschuld vor Bringschuld

Grundsätzlich besteht in Stresssituationen immer das Prinzip der Holschuld von Informationen. Eine Bringschuld kann in kritischen Hochdruckphasen nicht zuverlässig funktionieren, da zu schnell eine optionale Schnittstelle oder Ansprechpartner vergessen werden könnte. Die Holschuld fördert gleichzeitig die selbstständige Arbeitsweise von Führungskräften wie auch ihrer Teams.

ERFOLGSFAKTOREN DER EINSATZFÜHRUNG

Die Werkzeuge haben wir kennengelernt. Jetzt geht es um die Erfolgsfaktoren. Nur wenn man die vier Schritte einhält und ständig überwacht, kann man auch erfolgreich große Einsätze gut bewältigen.

Das gilt genauso für kleinere Einsätze. Je besser man es im Alltag trainiert, desto einfacher fällt es einem in besonderen Einsatzlagen.

Bei allen Situationen gilt es, im ersten Schritt Führbarkeit, dann einen Zeitvorteil durch konsequentes Arbeiten »vor der Lage« und einen Zeitstrahl zu erarbeiten. Dadurch werden zum richtigen Zeitpunkt die Maßnahmen ausgelöst, die wirkungsvoll sind. Man kann die Effizienz steuern, wenn das Verhältnis zwischen Einsatzmitteln/Einsatzkräften und der Situation gewährleistet ist.

Führbarkeit

Ohne Grundstruktur, klare Rollen und Verantwortlichkeiten kann eine Einsatzlage nicht bewältigt werden. Das gilt sowohl für Alltagseinsätze als auch für Großschadenslagen. Die Grundorganisation muss geregelt, visualisiert und einfach erfassbar sein. Die zugehörigen Verantwortlichkeiten genauso. Daraus resultieren die Kommunikationswege je nach Distanz und Dynamik: persönlich oder über Funk, E-Mail oder Messenger.

Zeitvorteil

Im Einsatz arbeitet man immer gegen die Zeit. Das gilt sowohl für Brände, technische Hilfeleistungen als auch im Rettungsdienst. Daher ist ein Zeitstrahl der elementare Kern einer Lagekarte. Ohne Zeitstrahl kann man die kritischen Punkte, die in Zukunft auftauchen werden, nicht visualisieren und in der Einsatzplanung berücksichtigen.

Das Hauptwerkzeug ist die Uhr, welche rückwärtsläuft. Sie zeigt einerseits, wie viel Zeit man (noch) hat. Andererseits zeigt sie auf – wenn Zeit abgelaufen ist –, ob die bis zum Zeitpunkt X angedachten Maßnahmen abgeschlossen sind, sodass die nächsten anlaufen können. Eine Visualisierung des Zeitvorteils ist elementar. Die Skalierung ist situationsabhängig. Je nach Einsatzlage geht es um Minuten und in der Gesamtperspektive um Stunden, bisweilen sogar um Tage oder Wochen. Eines haben alle Lagen gemeinsam: Wirkungsvolle Maßnahmen müssen zum richtigen Zeitpunkt gestartet werden.

Doch merke: Werden sie erst gestartet, wenn man sie dringend braucht, läuft man der Lage hinterher, und »Alltagshektik« breitet sich aus. Diese muss unbedingt vermieden werden. Wenn man hineinrutscht, umgehend herausarbeiten und wieder »vor die Lage« kommen. Nur hier lässt sich fundierte Prognosearbeit leisten, und man ist auf alle Eventualitäten vorbereitet.

Effektivität: Das Richtige tun

Das eigentliche Ziel eines Einsatzes und der damit verbundenen Entscheidungen ist die Wirkung. Anders gesagt: Die Maßnahmen der Gefahrenabwehr zeigen Wirkung, die Gefahren und Probleme werden messbar weniger und sind nach entsprechender Zeit nicht mehr vorhanden.

Der Nachweis der Wirkung fällt oft schwer, obwohl er bestens visualisiert werden kann. Das gilt sowohl für alle Einsatzlagen von technischer Hilfeleistung und für Brandeinsätze als auch im Rettungsdienst. Es gilt aber auch für jeden persönlich im Alltag und im Unternehmen.

Effizienz: Es richtig tun

Schlüssel jeder Gefahrenabwehr ist die jeweilige Effizienz. Passen die Einsatzmittel vor Ort zum Bedarf der Gefahrenabwehr? Sind zu wenige oder zu viele vor Ort? Kann man Ressourcen in einer abklingenden Einsatzphase schonen und von der Einsatzstelle entlassen? Diese Fragen sind ein wichtiger Erfolgsfaktor, da gerade bei Spitzenbelastung dringend erholsame Pausen wichtig sind, um in der nächsten kritischen Situation bestehen zu können.

Gleiches gilt für Großschadenslagen. Eine einzelne Einsatzstelle kann nicht den Gesamtüberblick haben. Daher sind alle Kräfte, die freigegeben werden können, wichtige Reserven für möglicherweise deutlich kritischere Einsatzlagen. Noch einmal: Die Mittel sind in der Gefahrenabwehr grundsätzlich begrenzt. Ressourcenmangel ist unser Job. Daher ist das Einteilen der vorhandenen Möglichkeiten so wichtig.

» Jeder versucht, an seiner Einsatzstelle nur die Einsatzmittel zu binden, die unbedingt erforderlich sind.

DIE ANWENDUNG IN DER PRAXIS

Kritische Situationen im Einsatz sind die Herausforderung schlechthin. Sie bedürfen eines fundierten Entscheidungswissens, wofür das ganze Jahr intensiv aus-, fort- und weitergebildet wird. Es gibt nämlich kein Ereignis, das zweimal auftritt. »Kopieren und einfügen« geht nicht, ja, es kann sogar zu extremer Gefahr für die Einsatzkräfte führen.

Deshalb ist es so wichtig, den Führungsvorgang und die jeweiligen Situationen einzeln und wiederholt in kurzen Abständen zu analysieren und zu bewerten. Allein die Komplexität der Bausubstanz kann bei Gebäuden aus demselben Baujahr völlig unterschiedlich sein. Die Rauch- und Kohlenmonoxidausbreitung (Atemgift, unsichtbar, nicht riechbar) kann ebenso unterschiedlich sein.

Deshalb werden die Werkzeuge mit hoher Routine und Wiederholungszahl angewendet. Nicht jedoch die konkreten Maßnahmen. Die einzelnen Maßnahmen sind standardisiert und antrainiert. Dadurch wird Wirkung in kurzer Zeit vor Ort sichergestellt.

Notruf und Alarmierung – die Arbeit der Integrierten Leitstellen

In »Integrierten Leitstellen« werden alle Einsatzkräfte der »nichtpolizeilichen Gefahrenabwehr« alarmiert und koordiniert, bis eine Einsatzleitung vor Ort etabliert ist. In den Leitstellen läuft der europäische Notruf 112 sowie die Rufnummer für Krankentransporte 19222 ein. Sie leiten bei kritischen Situationen, wie beispielsweise bei einem Herz-Kreislauf-Stillstand, bereits telefonisch die Reanimation durch Zeugen und Angehörige an. Parallel werden die für die Erstmaßnahmen notwendigen Einsatzkräfte alarmiert.

Die Disponentinnen und Disponenten in den Leitstellen sind die ersten Entscheider im gesamten Einsatzprozess. Ihre Abläufe sind digitalisiert und automatisiert. Dennoch gibt es immer wieder Situationen, in denen sie die entscheidenden Maßnahmen frühzeitig einleiten. Das heißt konkret, im Ernstfall die alltäglichen Algorithmen bewusst zu durchbrechen, um zielorientiert zu arbeiten. Die Disponenten haben ebenfalls die Führungsausbildung der Feuerwehr durchlaufen und können auf das gleiche Know-how wie eine Führungskraft vor Ort zurückgreifen.

Wenn sie zu dem Ergebnis kommen, dass der »Fall« vor Ort nur mit Spezialkräften wie Höhenrettern oder Bergrettung zu lösen ist, werden sie diese direkt alarmieren oder den Vorschlag den ersten Kräften vor Ort unterbreiten. Sobald eine Einsatzleitung vor Ort etabliert ist, koordiniert diese den weiteren Einsatz.

Zwischenfazit

Sie haben gerade verschiedene Werkzeuge kennengelernt, welche eine Rolle spielen und eingesetzt werden können. Die kritischen Fragen – Wann kann ich eine Entscheidung treffen? Habe ich alle Informationen, die ich brauche? oder Habe ich alle Informationen, die ich benötigen könnte? – werden Sie nie alle beantworten können.

Sie müssen entscheiden.

Sie arbeiten beruflich, privat und in allen anderen Situationen immer gegen die Zeit. Mal mit mehr Druck, mal mit weniger Druck.

Im folgenden Kapitel zeige ich Ihnen, wie die Feuerwehr versucht, bei notwendigen Sofortentscheidungen schnellstmöglich die notwendigen Informationen zu erhalten und auf deren Basis entscheiden zu können.

Sofort
entscheiden

Erkundung, Beurteilung, Entscheidung und Kommunikation

Sofortentscheidungen werden unter höchstem Zeitdruck getroffen. Als Feuerwehrmann weiß ich, was das konkret heißt. Bei einem Brandereignis müssen die entscheidenden ersten Maßnahmen nach 60 bis 90 Sekunden eingeleitet werden. Gleichzeitig gilt es, möglichst alle Informationen einzusammeln. Nur so lässt sich die komplexe Situation zwischen zu rettenden Personen, Brandverlauf, Baustrukturen, vorhandenen Einsatzkräften und Risiken klar und genau beschreiben.

Dies ist nur möglich mit einer klar strukturierten Entscheidungsvorlage. Ansonsten braucht man entweder zu viel Zeit in der entscheidenden Situation oder kann nicht die gesammelten Informationen gegeneinander abwägen und priorisieren. Diese Methodik lernen alle Feuerwehrführungskräfte. Sie muss nachts um 2.00 Uhr, wenn man geweckt wird, automatisiert angewendet werden.

>> Der Ablauf besteht nach Lehrbuch aus drei Schritten: Erkundung, Beurteilung/Entschluss und Befehl. Bezogen auf Projekte oder Teams spreche ich gerne von Erkundung, Beurteilung/Entscheidung und Kommunikation.

Im Einsatz haben wir insbesondere in der ersten Phase nur 80 Prozent der Informationen zur Verfügung, wenn überhaupt. Deshalb ist es wichtig, sofort in den zweiten Durchgang (Iterationsschleife) zu starten. Grundsätzlich wird iterativ gedacht und gearbeitet.

Die Maxime lautet: Schritt für Schritt in die Lage kommen und den eingeschlagenen Weg zielgerichtet anpassen. Auch die Dynamik in der Einsatzsituation erfordert ständige Veränderungsbereitschaft. Quasi wie im echten Leben, nur im Einsatz kürzer, schneller und teilweise mit teils höchstem Gefährdungsrisiko.

ERKUNDUNG

Erkundung in vier Phasen
Frontalansicht: Erster Blick auf das betroffene Objekt!
Innenansicht: Blick in das betroffene Objekt!
Personenbefragung: Befragung von Personen vor Ort!
Außenansicht (rundherum): Rundgang um alle Seiten des Objekts!

Ich nehme Sie als Nächstes direkt mit in die praktische Erkundung am Beispiel eines Brand- und eines technischen Hilfeleistungseinsatzes. Das Wissen können Sie dann in Ihren eigenen Problemstellungen oder anstehenden Sofortentscheidungen anwenden.

Frontalansicht: Brand
Bei einem Brand fällt der erste Blick auf die Gebäudefront. Man erhält sofort Informationen, die man sehr gut erkennen kann, zum Beispiel: ungefähres Baujahr, Bauart (Fachwerkbau, Stahlbeton, Holzbau etc.), zudem Informationen zur Nutzung. Handelt es sich um ein Wohnhaus, Einfamilienhaus, eine Doppelhaushälfte oder

ein märkisches Wohnhaus mit zwei Obergeschossen, weiß man, dass eine Menschenrettung mit tragbaren Leitern von außen durchführbar ist. Handelt es sich um ein Gebäude mit bis zu sieben Obergeschossen, ist klar, dass ein Rettungsweg über die Drehleiter möglich ist. Alternativ gibt es einen zweiten Treppenraum. Oder hat das Gebäude mehr als sieben Geschosse, greift die sogenannte Hochhaustaktik.

Noch etwas schwieriger ist der erste Informationscheck bei Sonderobjekten wie Kliniken, Alten- und Pflegeheimen, Industriebetrieben, Lagerhallen, Sportanlagen und unterirdischen Objekten wie U-Bahnhöfen oder Bunkeranlagen. Je nach Schornsteintyp, Kabelversorgung auf dem Dach oder Satellitenschüsseln kann man weitere Informationen zur Energieversorgung und dem Gebäudealter schlussfolgern.

Auch wenn man sich nicht immer sicher ist, entscheidend ist, möglichst viele Informationen zu erfassen. Unsichere Erkenntnisse müssen im weiteren Verlauf überprüft und möglicherweise detaillierter erarbeitet werden. Ähnlich wie beim wissenschaftlichen Arbeiten: Kein Ergebnis ist auch ein Ergebnis!

Frontalansicht: Verkehrsunfall

Auch bei einem Verkehrsunfall gilt es, mit dem ersten Blick viele Informationen einzufangen. Wie könnte der Unfallhergang sein? Welcher Fahrzeugtyp, welche Materialien sind verbaut, wie ist das statische Konzept, wie ist der Zustand des Fahrzeuges, wie hoch ist die Anzahl beteiligter Personen um das Fahrzeug herum?

Insgesamt erfassen Sie die Frontalansicht, indem Sie zur Einsatzstelle laufen. Der Blick geht von außen nach innen. Vom Weitblick hin zum Detail, bis man am Gebäudeeingang oder direkt am Unfallfahrzeug steht.

Innenansicht

Der Einblick in ein Objekt, egal ob im Treppenraum oder ins Unfallfahrzeug, ist enorm wichtig, um die Gesamtsituation einschätzen zu können, die Toprisiken zu erkennen und diese in realem Zustand zu begutachten. Gefahren, Risiken oder Verletzungen sind im Innenraum am größten. Hier sagt ein Bild mehr als tausend Worte. Da man persönlich die Verantwortung trägt, sollte man sich ohne Zeitverzug ein eigenes Bild machen. Was nicht lange dauert, oft nur wenige Sekunden. Aber es reicht, um die eigene Einschätzung und das richtige Bauchgefühl bei kritischen Entscheidungen zu erhalten.

Personenbefragung

Eine Befragung von Beteiligten oder unbeteiligten Personen im Umfeld des Ereignisses kann die entscheidenden Hinweise geben. Bei den Betroffenen erkennt man Emotionen und erhält Detailinformationen, zum Beispiel den Schnitt einer Wohnung, die Lage des Kinderzimmers oder der Küche. Beim Verkehrsunfall kann man nachfragen, von wo und in welcher ungefähren Geschwindigkeit ein Fahrzeug gegen ein anderes gefahren ist.

Das wiederum ermöglicht sehr gute Rückschlüsse auf die möglichen taktisch-technischen Optionen, um beispielsweise zwei Fahrzeuge auseinanderziehen zu können oder von vornherein zu wissen, dass dies möglicherweise keinen Sinn macht. Gleiches gilt für mögliche Verletzungsmuster der Insassen.

Außenansicht

Die Rundumansicht oder Außenansicht ist im Training und Einsatz der Feuerwehrführungskräfte oft die kritische Achillessehne. Man wird dazu verleitet, sofort Maßnahmen zu ergreifen. Möglicherweise ist bei einem Hausbrand zur Straßenfront eine kritische Situation erkannt worden. Auf der Gebäuderückseite sind die Gefahren jedoch deutlich größer. Der Klassiker ist folgende Situation:

Beim Eintreffen glaubt man, mit der Frontalansicht eine klare Situation zu erkennen. Mehrere Leute stehen am Fenster im zweiten Obergeschoss und schreien um Hilfe. Leichter Rauch tritt aus ihrem Fenster über ihren Köpfen aus. Für diese Rettung würde man zunächst alle Einsatzkräfte binden, um die Menschenrettung durchzuführen – mit höchster Priorität. Ein Gruppenführer erhält den Auftrag, die Gebäuderückseite zu erkunden. Er geht zur Rückseite des Gebäudes und erkennt drei Personen, über deren Köpfen bereits Flammen schlagen. Die Rauchentwicklung an der Gebäudefront ist nur eine kleine Auswirkung des eigentlichen Ereignisses, das in den Räumen zum Innenhof stattfindet.

›› Deshalb ist es so wichtig, sich den umfassenden Blick schnellstmöglich zu verschaffen.

Damit ändert sich der Einsatzablauf völlig. Auf der hinteren Seite des Gebäudes ist möglicherweise die Fahrzeugaufstellung anders zu entscheiden, taktische Maßnahmen und der Einsatz der Mannschaft und ihrer Mittel ebenfalls.

BEURTEILUNG

Um best- und schnellstmöglich die Lage beurteilen zu können, werden alle Informationen aus den vier Phasen gegeneinander abgewogen. Dann wird entschieden. Im Feuerwehreinsatz muss es so schnell wie möglich gehen. Dahinter stehen eine klare Vision und vor allem dauerhaft festgelegte Prioritäten.

Die Vision lautet, helfen zu wollen. Sie steht über den Prioritäten und ist für alle Einsatzkräfte zwingend selbstverständlich. Dies gilt selbst für zu rettende Personen und Verletzte, die Straftaten begangen haben oder womöglich Verursacher eines schweren Verkehrsunfalls mit Todesfolge für Mutter und Vater von Kindern sind.

» **Wir beurteilen nicht, wir retten. Beurteilt wird im Nachgang durch die Judikative. Wir helfen jedem Menschen in jeder Situation.**

Die Prioritäten wiederum sind klar festgelegt. Sie kann jede Feuerwehrführungskraft ab Gruppenführerausbildung auswendig aufsagen:

Priorität eins – höchste Priorität:
Menschenrettung (und Tierrettung)
Priorität zwei – zweithöchste Priorität:
Umweltschutz
Priorität drei – dritthöchste Priorität:
Sachwertschutz

Schauen wir auf das Beispiel oben. Es ist klar, dass die zu rettenden Menschen am Fenster, wenn sie in höchster Gefahr sind, sofort gerettet werden. Möglicherweise werden andere Maßnahmen, die ebenfalls wichtig erscheinen, aber eine andere Dringlichkeit haben, nach hinten gestellt. Die Folge: Bei einem

Brand würde ein Brandabschnitt (Sachwert) im Zweifel aufgegeben werden, um Menschen zu retten.

» Menschenleben sind das höchste Gut!

Läuft beispielsweise giftige Flüssigkeit in eine Wiese, wird zuerst das Auslaufen gestoppt und das Auffangen umgesetzt, bevor man sich mit dem Sachwert des verunfallten Lkw beschäftigt.

ENTSCHEIDUNG

Die Entscheidung fällt auf den Grundlagen der Beurteilung. Hier muss festgelegt werden: Wo stellt sich welches Fahrzeug auf, und welches Teammitglied erhält welche Aufgaben? Insbesondere die Priorisierung der notwendigen und möglichen Maßnahmen muss festgelegt werden.

Wir haben es bereits erwähnt: In der Phase eines kritischen Einsatzes steckt man grundsätzlich in einem Gesamtzustand des Ressourcenmangels. Deshalb muss klar abgewogen und priorisiert werden. Was ist möglich, was nicht? Was ist wann und zu welchem Zeitpunkt möglich? Für Feuerwehreinsatzkräfte ist es völlig normal, mit einem Ressourcenmangel zu arbeiten und im weiteren Verlauf alle Einsatzmittel und Einsatzkräfte gezielt anzupassen.

Erst wenn die Situation unter Kontrolle ist, wird auf Effizienz geachtet und nur noch die Einsatzkräfte eingesetzt, die für die noch anstehenden Aufgaben benötigt werden beziehungsweise die effektiv arbeiten können, um die Situation endgültig in den Griff zu bekommen.

KOMMUNIKATION (BEFEHL/AUFTRAG)

Jede Kommunikation von Entscheidungen muss zielgerichtet und adressatengerecht formuliert werden. Alle Informationen müssen auf geeignete Art und Weise übertragen werden. Hier spielt die Unterscheidung zwischen Auftrag und Befehl eine wichtige Rolle – am Ende erhält jeder die Informationen, die er für seine Rolle und Funktion benötigt, um die beauftragten Maßnahmen erfolgreich und zeitgerecht umsetzen zu können.

Typische Fragestellungen sind: Will man aus fachlichen Gründen, dass die Menschenrettung mit einem gewissen Leitertyp durchgeführt wird, oder will man, dass die Menschenrettung egal mit welchem Leitertyp durchgeführt wird? Dazwischen entscheidet sich, ob man einen Auftrag erteilt, also eine Aufgabenstellung vorgibt, die selbstständig und mit verschiedenen Werkzeugen gelöst wird. Oder gibt man einen Befehl, welcher konkrete Leitertyp verwendet werden muss? Die beauftragte Führungskraft hat den Befehl genauso auszuführen, mit wenig eigenem Entscheidungsspielraum. Sie kontrolliert eigentlich nur noch die Ausführung der handwerklichen Maßnahmen.

Beide Varianten sind völlig in Ordnung. Denn nicht immer macht ein Auftrag Sinn, und man lässt sich überraschen, wie die Einsatzkräfte es selbstständig lösen. Und auch nicht immer ist es richtig, nur Befehle zu geben und den Einsatzkräften keinen Entscheidungsspielraum zu bieten.

Merke: Insbesondere in der kritischen Phase des Ressourcenmangels am Anfang eines Einsatzes macht es Sinn, klare Befehle zu geben und damit die Einsatzmittel zu verteilen. Ansonsten können die entscheidenden Ressourcen und Einsatzkräfte schnell verbraucht sein.

Beispiel: Brandeinsatz

Will man aufgrund einer kritischen Situation auf der Gebäuderückseite, dass die Personen über eine tragbare Leiter gerettet werden, muss man es klar ansagen. Theoretisch könnte auch eine Drehleiter einfahren, die allerdings fünf Minuten Anfahrt hat und beim Rangieren im Innenhof mehr Zeit benötigt. Dafür aber bis zum siebten Obergeschoss Personen aus allen Geschossen problemlos retten könnte.

Der Führungskraft muss klar sein, ob sie einen Befehl erteilt – sprich: eine eindeutige Aufgabe, deren Umsetzung und benötigten Mittel sowie Werkzeuge klar beschrieben sind. Oder ob sie einen Auftrag mit einer Aufgabenstellung erteilt, die mit den zur Verfügung stehenden Werkzeugen des beauftragten Löschfahrzeugs selbstständig durch Führungskraft und Team gelöst werden können.

Lagemeldung

Die »Lagemeldung auf Sicht« erfolgt kurz vor dem Eintreffen an die Leitstelle. Die erste qualifizierte Lagemeldung wird umgehend nach Einleiten der ersten Maßnahmen an die Leitstelle abgegeben. Dadurch entsteht ein Lagebild. Jetzt kann rückwärtig unterstützt und mitgedacht werden. Weiß die Leitstelle, dass mehrere Personen gerettet werden müssen und mehrere Schwerverletzte zu erwarten sind, wird sie parallel die Kliniken vorinformieren, um die genauen Ressourcen der klinischen Notfallversorgung rund um den Einsatzort zu kennen. Das Ganze in Abhängigkeit der Witterungsverhältnisse sowohl für luftgebundene Transporte per Rettungshubschrauber wie auch bodengebundene Transporte per Rettungswagen.

❯❯ So wird aktiv versucht, schnellstmöglich vor die Lage zu kommen.

Wer es vor die Lage schafft, hat die Erfolgsfaktoren umgesetzt und ist jederzeit für jede neue Lage vorbereitet. Dass hier nur 80 Prozent möglicher Lösungen vorbereitet werden können, erklärt sich von selbst. Was aber völlig ausreicht, um vor der Zeit – teilweise mehrere Stunden oder bei großen Einsätzen mehrere Tage – zu agieren. Jeder, der weiß, dass er möglicherweise aktuell auf dem Radar der Leitstelle steht, kann sich vorbereiten und erhält auch direkt Rückmeldung, wenn er vom Radar fliegt.

Eine Klinik, die beispielsweise gegen 7.30 Uhr eine Information aufgrund eines schweren Verkehrsunfalls mit einem Reisebus hat, muss umgehend aus der Bereitschaft gelöst werden, sobald ihre Ressourcen abschätzbar sind oder nicht mehr benötigt werden. Denn dort muss umgehend der Tagesbetrieb starten. Es warten ebenfalls Patienten auf ihre Operation oder Behandlung. Die Vorinformationen von Entscheidern und Führungskräften sind diesbezüglich ein enormer Vorteil. Und wenn die Situation eintritt, kann entsprechend ohne Hektik konsequent, bewusst und zielgerichtet gemeinsam agiert werden.

❯❯ Dann gilt wieder der Slogan: Volle Pulle, ganz gemütlich!

Nur ohne Hektik passieren keine bis wenige Fehler. Zum Vergleich: Wenn man an die Produktion eines Automobils denkt, läuft dort alles aus des Zuschauers Sicht in Zeitlupe ab. Es ist allerdings die schnellste Produktion aller Zeiten. Als die Bänder noch mit voller Hektik liefen, gab es deutlich zu viele Fehler, die im Nachgang enorme Auswirkungen auf das Produkt oder den Kunden hatten. Ähnlich verhält es sich auch im Einsatz.

›› 100 Prozent Fokus!

Unser Ziel lautet ganz einfach: Die Maßnahmen sollen so schnell wie möglich vor die Lage gebracht und vor der Realuhrzeit laufen. Denn die Zeit ist unser größter Feind. Das gilt für Patienten, die nur wenig Zeit haben, um die lebensrettende Notoperation in einer geeigneten Klinik zu erhalten. Und genauso für die Dauer eines Brandes. Wird dieser nicht schnellstmöglich gelöscht, besteht die Gefahr des Einsturzes eines Gebäudes oder von Statikproblemen eines Gebäudes im Nachgang. Mit der Folge, dass mehrere Familien möglicherweise ein Gebäude nicht mehr bewohnen können und ihr Heim für lange Zeit verlassen müssen, bis eine aufwendige Sanierung erfolgt ist.

›› Fazit: Beim Sofortentscheiden, vor allem, wenn es innerhalb von zwei Minuten passieren soll, besteht höchster Zeitdruck und gleichzeitig ein hoher Bedarf an Standardisierung und Training. Das gilt für die Prioritäten und für die Handlungsabläufe im Fahrzeug sowie an der Einsatzstelle.

Welche Handlungsabläufe ausgelöst werden, muss entschieden werden. Nur durch diese Kombination können in Stresssituationen derart schnell Entscheidungen fallen.

Gleichzeitig sind die Handlungsabläufe unterschiedlich, und im Detail wird nichts zweimal gemacht. Jede Einsatzkraft muss bereit sein, sich auf die Situation einzustellen und einzulassen. Ohne diese mentale Flexibilität und Offenheit wäre es nicht möglich, derart komplexe Situationen unter solchem Zeitdruck und insbesondere bei Kindernotfällen auch emotionalem Druck zu entscheiden und durchzuführen.

Die Einsatzkräfte an der Einsatzstelle sind für diese Rolle trainiert. Dies gilt auch für das Training der Zusammenarbeit innerhalb eines Teams. Gleichzeitig haben sie in ihren Ausbildungen und Trainings sowie bei Einsätzen Grenzerfahrungen gemacht.

» Bewusstes Trainieren an der Grenze, wie man es aus dem Leistungssport kennt, ist normal und selbstverständlich.

Gleiches gilt für das mentale Training. Es werden regelmäßige Einsatzsituationen durchgesprochen. Allein oder gemeinsam. Für eine Rolle oder durch Rollenwechsel, um die unterschiedlichen Druckpunkte selbst zu erleben und im Unterbewusstsein in der Stresssituation abrufen zu können. Ansonsten könnte man in den kritischen und seltenen Situationen nicht erfolgreich agieren.

4

Einsatz Dach-stuhlbrand

Sofortentscheiden in der Praxis

Brände in Gebäuden sind komplex, dynamisch und sehr gefährlich. Die modernen Bauweisen beeinflussen das Brandverhalten immens. Ebenso die moderne Inneneinrichtung mit ihrem hohen Anteil an Kunststoffen (Furnier, Möbel, Schaumstoffpolsterung, Lacke und Farben). Sie beschleunigen einen Brand in einer Geschwindigkeit, wie man es früher nicht gekannt hat.

Gleichzeitig entstehen toxische Rauchgase. Diese sind teilweise in kürzester Zeit tödlich. Früher benutzten wir einen Strahlrohrtyp, der Wasser zehn bis 30 Meter weit werfen konnte. Seit den Nullerjahren benutzen wir spezielle hochtechnologische Strahlrohre, die mit ihrem Sprühstrahl maximal Energie aus Rauchgasen und dem Brand abbauen.

Dies bedeutet: Die Bedienung eines Strahlrohrs muss blind funktionieren. Blind ist wörtlich gemeint, da man in einem verrauchten Bereich teilweise keine Sicht hat und die Hände vor den Augen nicht mehr sieht. Zum anderen muss die Kommunikation im Team nahezu perfekt sein, da taktische Informationen teilweise nur von außen in den Nullsichtbereich berichtet werden können.

Die Feuerwehr muss koordiniert vorgehen. Da man logischerweise bei Nullsicht keine schnelle Menschenrettung oder Brandbekämpfung durchführen kann und gleichzeitig hoher Gefahr ausgesetzt ist, wird versucht, Rauch und Wärme schnellstmöglich durch Schaffen von Abluftöffnungen und aktiver Entrauchung mittels Feuerwehrlüftern abzuführen.

Allerdings gibt es auch hier kritische Situationen. Ein Brand lebt vom Sauerstoff. Fehlt der Sauerstoff im Reaktionsprozess, ist der Brand unterventiliert. Dadurch entstehen möglicherweise erhöhte Konzentrationen von Kohlenmonoxid. Dieses kann schnell eine tödliche Konzentration erreichen. Hat es diese erreicht, stellt es durch seine brennbare Eigenschaft eine zusätzliche Gefahr der Brandausbreitung dar. Teilweise sind sogar Explosionen möglich. Je nach Mischungsverhältnis muss man besonders vorsichtig arbeiten, um die Explosions- und Brandausbreitungsgefahr zu reduzieren. Und sehr gut abwägen zwischen der Sicherheit der Einsatzkräfte, der Gefahr der Brandausbreitung und der Rettungszeit für vermisste Personen.

» Im nachfolgenden Einsatzbeispiel hatten Bauarbeiter einen Brand gemeldet und selbst mit Löschmaßnahmen begonnen.

Das Ganze in einem klassischen Altbau in der Innenstadt im obersten Geschoss. Ohne Aufzug mit geschlossenem Innenhof. Die Lage: lange Wege, wenig Blickkontakt mit den Führungskräften und ein Gebäude mit technisch höchster Komplexität bezüglich Brandverhalten und Brandausbreitung.

Hinzu kommt eine sportliche, körperliche Dimension für alle Einsatzkräfte und auch mich als Einsatzleiter hinzu. Bei hochsommerlichen Temperaturen über 30 Grad mit hoher Luftfeuchtigkeit. Drückende, feuchte, schwüle Luft.

» Sie sind wieder live dabei, um zu erleben, wie die Entscheidungen bei der Feuerwehr getroffen werden.

 ## ALLGEMEINE LAGE

Ort: Innenstadt, 6. Obergeschoss

Zeit: 13.32 Uhr

Wetter: Klar, ganztags Sonne, sehr heiß, über 30 °C

Einsatzstichwort: Rauchentwicklung Dachstuhl

Bemerkung: Gebäude bewohnt, Bauarbeiten im Dachgeschoss, Bauarbeiter haben Rauchentwicklung festgestellt und versuchen zu löschen

Ich werde alarmiert und bin sehr schnell vor Ort, da ich nur wenige Meter entfernt um die Ecke zufällig einen Termin hatte.

Über Funk hatte ich bereits die Alarmierung eines Löschzugs mitbekommen. Dieser erhöht direkt nach Eintreffen das Einsatzstichwort und fordert einen zweiten Löschzug an. Damit rückt auch der Führungsdienst aus und übernimmt die Einsatzleitung.

Die Aufgabe besteht darin, Maßnahmen festzulegen, gemeinsam zu koordinieren und den beiden Löschzügen den Rücken freizuhalten. Das umfasst neben den taktischen Entscheidungen die Organisation der Logistik, den Materialnachschub sowie die Abstimmungen mit Betreibern, Bewohnern, Polizei, Rettungsdienst und möglichen Geschäftsinhabern im Erdgeschoss.

ERKUNDUNG

Frontalansicht

Nach Eintreffen hat der Löschzug sich in der Straße positioniert. Die Feuerwehrzufahrt wird noch nicht genutzt, denn der Zugführer befindet sich im Gebäude. Erste Erkundung. Ich zähle kurz durch, um die Arbeitsintensität abschätzen zu können. Sechsgeschossiges Gebäude. Dann blicke ich rechts um die Ecke, wo Brandwände die Gebäude verbinden. Kurze Kontrolle, dann alles auch bei der linken Gebäudetrennwand. Auf dem Dach sehe ich hellbraun pulsierenden Rauch von der rückwärtigen Dachseite. Je mehr ich mich dem Gebäude nähere, desto weniger Rauchentwicklung ist erkennbar. Ich benötige einen besseren Überblick. Alles im schnellen Laufschritt.

Von außen sieht das Gebäude gepflegt und gut erhalten aus. Als ich mich dem Gebäudeeingang nähere, kommt mir der ersteintreffende Zugführer entgegen und weist mich kurz und knapp in die Lage ein. Sein erstes Team ist bereits oben und baut eine Löschleitung auf. Der Brandherd ist noch unklar. Man weiß aber, dass sich Bauarbeiter oben befinden. Sie haben auf die erste Rauchentwicklung hingewiesen.

40 Sekunden sind vorbei. Als Sofortmassnahme bekommt er den Auftrag, die Brandbekämpfung im Dachgeschoss zu koordinieren. Alle weiteren Maßnahmen, wie die Kontrolle der Wohnungen, das Räumen des Gebäudes sowie die Logistik, nehme ich ihm ab. Ein zweiter Löschzug ist auf Anfahrt.

Innenansicht

Ich begebe mich sofort in Richtung Treppenraum, um einen Blick ins Gebäude zu werfen. Der Treppenraum ist frei. Nur leichter

Brandgeruch. Zudem kontrolliere ich eine Auslösestelle für eine Rauch- und Wärmeabzugsöffnung. Taktische Option, bei Bedarf.

Das Gebäude sieht auch von innen gepflegt und gut erhalten aus. Es handelt sich definitiv um einen Altbau. Daraus schließe ich, dass die Baustatik mit Holz, Lehm und Stroh sowie einer Schüttung erfolgt ist. Ich nehme außerdem wahr, dass im Erdgeschoss ein Aushang der Hausverwaltung hängt mit allen Kontaktdaten, die wir später noch brauchen können. Das Scannen des Treppenraums dauert etwa sieben bis zehn Sekunden.

Personenbefragung

Zurück im Freien möchte ich weitere Interviews mit beteiligten Personen führen. Es ist niemand in Sichtweite, der für die ersten Maßnahmen weiterhelfen könnte. Ich habe bis zum Eintreffen des zweiten Löschzugs noch Zeit. Er befindet sich wie erwähnt auf Anfahrt. Diese Phase dauert zwei bis drei Sekunden.

Außenansicht

Ich gehe durch den nächsten Hausdurchgang in den Innenhof. Geschlossene Bebauung, wie es in einer Großstadt üblich ist. Sofort ist klar, dass keine Drehleiter im Innenhof aufgestellt werden kann. Da der Brand sich auf der Seite zum Innenhof befindet, ist jedoch klar, dass wir sämtliche Möglichkeiten ausreizen müssen, um den Brand kontrollieren, bekämpfen und löschen zu können.

Um einen guten Blick auf das Dach zu erhalten, steige ich die Treppe des Nachbargebäudes ganz nach oben. Von dort habe ich über Eck einen direkten Blick auf den Brandherd. Inklusive erste Brandbekämpfung. Ich erkenne eine Loggia und weißen Rauch. Aus der Dachfläche, circa 50 bis 60 Quadratmeter. Das ist ein gutes Zeichen, die ersten Maßnahmen scheinen zu wirken, und es entsteht kein Wasserdampf. Entwarnung kann ich trotzdem nicht geben, da sich das enorme Glimmverhalten der Isolierungen schnell ausbreitet und schwierig zu löschen ist.

BEURTEILUNG

Die Situation beurteile ich anhand der Informationen aus der Erkundung. In einem mehrgeschossigen Gebäude ist es auf der Rückseite zum Innenhof zu einem Brand gekommen. Bauarbeiter haben ihn frühzeitig entdeckt. Die ersten Löschmaßnahmen der Feuerwehr zeigen Wirkung. Dennoch muss einer weiteren Ausbreitung des Brandes vorgebeugt werden. Womöglich durch aktives Öffnen der Dachhaut von außen und möglicherweise auch von innen. Das kann erst durch weitere Erkundung erfolgen. Der zweite Löschzug ist wie gesagt auf Anfahrt, sodass eine klare Aufteilung erfolgen kann zwischen dem Einsatzabschnitt Brandbekämpfung Dach inklusive Treppenraum sowie dem zweiten Brandabschnitt Kontrolle der Brandwände sowie angrenzender Wohnungen. Inklusive Öffnen der Dachhaut in unbetroffenen Bereichen, um ein Durchglimmen beziehungsweise Durchbrennen über die Isolierungen zu verhindern.

Aufgrund der braunen, pulsierenden Rauchentwicklung bei Eintreffen ist von einem nicht kleinen Brandherd auszugehen. Brauner Rauch bedeutet unterventilierter Brand (Sauerstoffmangel des Brandes). Er kann nur auftreten, wenn ein größerer Brandherd unter der Dachhaut bereits vorhanden ist. Ich schließe daraus, dass die Brandausbreitung sehr zügig vor sich ging, da die Bauarbeiter von schnellen Löschmaßnahmen und der Alarmierung der Feuerwehr berichten. Es ist höchste Vorsicht geboten und nur nicht täuschen lassen vom ersten Wasserdampf.

Damit wir aufgrund der kritischen Situation alle Möglichkeiten ausschöpfen, müssen wir eventuell eine große Hubrettungsbühne in Betracht ziehen, die allerdings sowohl eine große Aufstellfläche als auch große Ausladung hat, um die Dachhaut von außen öffnen zu können. Eine zweite Drehleiter wird in Stellung gebracht, direkt im Bereich des Brandes. Dafür müssen wir das erste Löschfahrzeug trotz angeschlossener Schläuche wenige Meter nach vorne verschieben. Das muss sein. Sonst ist die Gefahr zu groß, dass wir nicht schnell genug die Dachhaut geöffnet bekommen und der Brand uns unter den Ziegeln davonläuft.

Aufgrund des heißen, schwülen Sommerwetters ist klar, dass wir bei den Arbeiten auf dem Dach einen hohen Personalverschleiß durch höchste körperliche Anstrengung haben werden. Wir brauchen eine schnelle Logistik. Und dürfen aufgrund der Dynamik des Brandereignisses keine Zeit durch Ablösezeiten verlieren. Einsatzkräfte und Material müssen sofort griffbereit ausgetauscht oder abgelöst werden können. Die hohe körperliche Belastung erfordert, dass alle 15 Minuten die unter schwerem Atemschutz arbeitenden Einsatzkräfte ausgetauscht werden müssen.

Fazit: Wir sind hier mindestens 90 bis 120 Minuten an vier bis sechs Punkten parallel mit je zwei Einsatzkräften tätig. Es ist klar, dass wir 40 bis 60 Atemschutzgeräte brauchen werden.

Noch ist unklar, ob wir genug Einsatzkräfte bekommen. Ich muss das in der nächsten Runde mit dem diensthabenden Lagedienst absprechen. Da ich nicht weiß, welche weiteren Einsatzlagen möglicherweise im Stadtgebiet laufen, ist das ein Thema für später.

» Jetzt ist Crunchtime. Alle Handgriffe müssen sitzen, die Abläufe optimal aufeinander abgestimmt sein und jeder Zentimeter auf der Straße aufgrund des Einsatzes der Sonderfahrzeuge gut genutzt werden, um zielgerichtet die Maßnahmen durchführen zu können.

Nicht nur die taktischen Maßnahmen sind eine besondere Herausforderung, sondern auch die logistischen. Da wir es mit einem Altbaugebäude ohne Aufzug und Transporthilfe zu tun haben, muss das Material, also jede Axt, jedes Atemschutzgerät und jedes Getränk für den Flüssigkeitshaushalt der Einsatzkräfte, nach oben getragen werden.

Ich achte sonst immer darauf, dass wir keine große Verpflegung vor Ort aufbauen, sondern nach der jeweiligen Einsatzzeit die Einsatzkräfte früh auslösen, um professionelle Körperhygiene bei möglicher Verunreinigung (Kontamination) in ihren Feuerwachen und Feuerwehrhäusern durchführen zu können.

Die Nahrungsaufnahme an einer Einsatzstelle ohne vorherige Körperhygiene (Duschen) ist gesundheitsgefährdend. Die hohe Toxizität (Giftigkeit) des Brandrauchs entsteht durch Kunststoffe und chemische Produkte, die in allen Wohnungen verbaut sind. Durch die hohe Energiedichte der Kunststoffe brennt es deutlich dynamischer und mit größerer Rauchfreisetzung als ein Feuer früher in den 1960er-Jahren, als Massivholzmöbel, Rosshaardecken und Stahlfederkern normal waren. Deshalb Flüssigkeitsaufnahme und maximal verpackte Snacks (etwa Müsliriegel), bei denen kein Kontakt zwischen Lebensmittel und Einsatzkraft entstehen kann.

ENTSCHEIDUNG

Ich entscheide mich dazu, zwei Einsatzabschnitte – für die Brandbekämpfung sowie die Kontrolle der Ausbreitung – zu bilden. Die Raumordnung der Fahrzeuge wird so aufgebaut, dass die große Hubrettungsbühne mit maximaler Abstützung und Ausladung aufgebaut werden kann. Den Versuch müssen wir wagen, auch wenn es in der Höhe möglicherweise nicht reichen wird.

Ich fordere Führungsunterstützung nach, da wir umfassende logistische Abläufe, Planung und deren Abwicklung benötigen. Der Zugführer, der den Einsatzabschnitt Brandbekämpfung übernimmt, erhält einen deutlichen Hinweis, dass keine Verzögerungen bei der Ablösung von Einsatzkräften hingenommen werden dürfen und alles so vorbereitet werden muss, dass keine Zeit verloren geht.

KOMMUNIKATION

Über das Whiteboard meines Einsatzleitwagens kann der Gesamtüberblick visualisiert werden, und jeder erkennt, was seine Rolle und Aufgabe in seinem jeweiligen Einsatzabschnitt sind. Der Zugführer des zweiten Löschzugs ist soeben eingetroffen und erhält seinen Auftrag. Zudem werden die Zeitschiene und die dazugehörigen Maßnahmen auf einem Zeitstrahl visualisiert.

Ich weise alle darauf hin, dass wir hier keine weitere Lagebesprechung machen, da die Wege zu lang sind und zu viel Zeit verloren ginge. Dies machen wir nur, solange die Situation dynamisch ist. Ich rechne kurz nach: Wenn jeder Zugführer zur Lagebesprechung alle 20 Minuten kommen muss, verlässt er seine Einsatzkräfte vor Ort, ist zwei bis drei Minuten im Treppenraum, dann über die Straße. Bedeutet: reiner Anmarschweg vier bis fünf Minuten. Dann vier bis sechs Minuten Besprechung. Dann vier bis fünf

Minuten zurück. In Summe: 15 Minuten ohne Führung in einer hochdynamischen, kritischen Einsatzsituation. Für mich nicht akzeptabel. Deshalb übernehme ich die langen Wege und komme selbst vor Ort, Treppen hoch und runter. Die Abstimmung dauert zwei bis drei Minuten und dann direkt weiter, um keine Zeit zu verlieren.

WIE GEHT ES WEITER?

Erste Runde der Entscheidungsfindung in einem hochkritischen, dynamischen Einsatz mit logistischem Aufwand und langen Wegen an der Einsatzstelle. Einer der schwierigsten Fälle, die auftreten können. Kein Wunder: Hier müssen Ausnahmen die Regel bestätigen und unkonventionelle Maßnahmen getroffen werden.
Leider ereilt uns noch eine Unwetterwarnung mit Gewitter. Wir müssen die Arbeiten auf dem Dach unterbrechen. Dadurch erhöht sich der Zeitdruck. Gleichzeitig waren im Stadtgebiet zwei weitere kritische Einsatzstellen, und so bekamen wir keine weiteren Einsatzkräfte zur Ablösung. Was wiederum zur Folge hatte, dass die körperliche Belastung für die Einsatzkräfte vor Ort stieg und wir mehrfach Atemschutz aufgrund der besonderen Situation tragen mussten. Dafür wurde eine Pausenzone im Schatten eingerichtet mit ausreichend Getränken zur Flüssigkeitsaufnahme und kleiner Verpflegung.

Nach circa sechs Stunden Arbeit, lange Zeit am körperlichen Limit, konnten wir schließlich die Einsatzstelle dem Gebäudebetreiber übergeben.

Sofort entscheiden

Rauchentwicklung Dachstuhl

| 13.32 Uhr | Innenstadt 6. Oberge-schoss | Sonne 30 °C |

ERGEBNIS

→ Verhinderung Vollbrand Dachstuhl
→ Schneller Stopp Brandausbreitung
→ Isolierung mit Glimmbrand schnell ausbauen
→ Geringer Wasserschaden

KOMMUNIKATION
Aufträge, Befehle, allgemeine Informationen je nach Rolle/Funktion in der Lage

Visualisierung auf dem Whiteboard am Einsatzleitfahrzeug für zentralen Überblick, Zeitstrahl zeigt, wann welche Maßnahmen ausgelöst werden müssen, mündlich persönlich & auf Schreibbrett mit den Zugführern initial, über Funk mit der Leitstelle, telefonisch mit dem Lagedienst

 KOMMUNIKATION

FRONTALANSICHT

öschzug auf Straße, 6-geschossiges
ebäude, Brandwände rechts & links,
ulsierender brauner Rauch aus Dach,
keine Dacheinsicht, gepflegter
Altbau, Brandherd unklar, Innenhof
anschauen, Ansicht auf Dach von
Nachbargebäude?

INNENANSICHT

Treppenraum: bestätigt gepflegter
Altbau + leichter Brandgeruch
+ kein Rauch, Auslösestelle für
Rauch- und Wärmeabzug,
Notfallnummern

PERSONENBEFRAGUNG

Keine Personen verfügbar, mit
Zugführer gesprochen

AUSSENANSICHT

Innenhof: Geschlossene Bebauung,
keine Zufahrt Drehleiter, ca. 50–60 m²
Dachfläche mit starkem Rauchaustritt
(Einblick über Nachbargebäude)

BEURTEILUNG

Mehrgeschossiges Gebäude,
Bauarbeiter Brand früh entdeckt,
pulsierende braune Rauchentwicklung
(= unterventilierter Brand), Löschmaßnahmen schnell gewirkt, kritische
Situation wegen Glimmverhalten, Altbau-
substanz gepflegt, Platz Mangelware,
höchste körperliche Belastung für
Einsatzkräfte → Wettersituation, Einsatz-
dauer wird deutlich über eine Stunde
sein – Abschätzung aktuell unklar

Zwei Einsatzabschnitte
Brandbekämpfung & Kontrolle Aus-
reitung), Raumordnung Fahrzeuge
zweite Drehleiter + Hubrettungs-
ühne!, Führungsunterstützung zur
Koordination Logistik, KEINE
Verzögerung bei Ablösung Einsatz-
kräfte, da jede Minute zählt, KEINE
Lagebesprechung vorerst auf der
Straße, ich spreche mit den
beiden Zugführern vor
Ort auf dem Dach

BEURTEILUNG

Erfolgsaussicht, Sicherheit,
Schnelligkeit, Aufwand
und Gesamtwirkung

ENTSCHLUSS

Ziele, Einsatzschwerpunkte,
Einteilung der Kräfte,
Bewegungsabläufe
und Ordnung des Raumes

5

Strategisch
entscheiden

Problemanalyse, Ziele, Nichtziele, Zeitstrahl und Prognose

Strategische Entscheidungen sind notwendig, wenn ein Problem neu ist oder komplexe Auswirkungen hat. Die Handlungsabläufe sind unbekannt, und man steht vor einer unklaren Lage. Im Vergleich zu den Sofortentscheidungen nimmt man sich etwas mehr Zeit. Das Team besteht aus möglichst unterschiedlichen Persönlichkeiten mit verschiedenen Lebenserfahrungen. Sie analysieren gemeinsam die Problemstellung, legen Knackpunkte fest und definieren Ziele und Nichtziele.

So lässt sich die Situation auf einem Zeitstrahl sehr gut visualisieren und vor allem prognostizieren. Die wichtigste Frage lautet: In welche Richtungen wird das Problem laufen? Was ist der beste, der wahrscheinlichste und der schlechteste Fall, der eintreten kann?

》 Entscheidend ist der Modus: Volle Pulle, ganz gemütlich. Arbeiten ohne Hektik mit klaren Zielen, Fokus und möglichst hohem Zeitvorteil.

Eine diesbezüglich relevante Situation kann eine Einsatzmeldung mit besonderem oder kritischem Potenzial sein. Man nutzt die ersten zehn Minuten (ehrenamtliche Einsatzkräfte rücken nach circa fünf Minuten aus, da sie sich vom Arbeitsplatz oder der Wohnung in ihre Feuerwache begeben müssen, plus fünf Minuten

Fahrzeit zur Einsatzstelle; hauptberufliche Einsatzkräfte rücken nach ein bis zwei Minuten aus und haben meist acht Minuten Anfahrt bis zur Einsatzstelle. Damit erfolgt nach spätestens acht Minuten die erste Rückmeldung der Einsatzkräfte vor Ort.

» Das größte Ziel besteht erstens darin, Hektik und Panik zu vermeiden. Zweitens, gute Entscheidungen zu treffen, und drittens, den Verlauf der Ereignisse zu prognostizieren.

Ein Erfolgsfaktor ist der Zeitvorteil in der Analyse. Deshalb läuft ab hier der Timer in jeder Phase mit. Wichtig: Nur nicht verzetteln und im Detail stecken bleiben. Wenn die Uhr piepst, weiß jeder, dass nur noch absolut entscheidende Gedanken auszusprechen sind. Mit Blick auf die ablaufende Uhr weiß jeder, wann die letzte Minute angebrochen ist.

Nicht vergessen: Wir nehmen uns die Zeit, die wir brauchen, aber auch nicht mehr. Das können im Einzelfall nur drei Minuten für das Brainstorming in der Problemanalyse sein.

PROBLEMANALYSE

In eine Mindmap wird in die Mitte die Problemlage geschrieben. Sie stellen die Uhr. Wenn es sportlich sein soll, auf drei bis vier Minuten. Dann legt die Gruppe los. Eine Person dokumentiert alle relevanten Punkte auf dem Flipchart. Innerhalb weniger Minuten entsteht ein umfassendes Bild möglicher Einflussfaktoren, die mit dieser Problemstellung zusammenhängen.

Entscheidend ist auch die Unterschiedlichkeit der Gruppe. Alt und jung. Im Thema erfahren und unerfahren. Hintergrund: Der unbedarfte Blick von außen führt oft schneller zur Ursache, und man bleibt nicht bei den Symptomen hängen. Lassen Sie sich darauf ein. Man muss den Mut haben, es zuzulassen. Die Geschwindigkeit der Lösungsfindung nach einer ordentlichen, fokussierten Problemanalyse ist beeindruckend.

Knackpunkte

Nach dem dreiminütigen Brainstorming legen Sie in ein bis zwei Minuten die Knackpunkte fest und markieren sie als roten Punkt oder mit einem roten Magnet. Die Knackpunkte sind alle Punkte, die die Situation komplett eskalieren lassen, wenn man sie nicht umgehend anpackt und löst.

☑ ZIELE

Definieren Sie drei Ziele.

Was wollen Sie?
Wo wollen Sie hin?
Was muss passieren?

☒ NICHTZIELE

Noch wichtiger und schwieriger ist das Definieren von Nichtzielen! Auch hier sind zwei bis drei konkret zu definieren. Was möchten Sie nicht? Worauf konzentrieren Sie sich nicht? Auf was sollen sich die Einsatzkräfte oder ihre Mitarbeiter nicht konzentrieren? Welches Thema gehen wir üblicherweise an und machen es jetzt bewusst nicht? Das Formulieren von Nichtzielen braucht mehr Zeit als die Ziele. Aber es spart enorme Ressourcen.

Wenn beispielsweise eine Gasausströmung vorliegt und viele Notrufe über den Gestank in der Innenstadt eingehen, ist es wichtig in der Leitstelle, nicht jede Notrufmeldung mit einem Einsatzfahrzeug anzufahren. Würde man es tun, würde komplettes Chaos ausbrechen und in wenigen Minuten keine Einsatzkräfte mehr zur Verfügung stehen.

Achtung: Jede Notrufmeldung wird jedoch dokumentiert, sodass man Entwicklung und Ausbreitung der Wolke anhand der Notrufe mit den Messergebnissen der Einsatzkräfte vor Ort abgleichen kann. Damit werden die Arbeitsprozesse der Leitstelle beschleunigt und gleichzeitig die Disponenten entlastet, die grundsätzlich im Regelbetrieb jede Notrufmeldung bedienen müssen. So kann die Unterscheidung, dass jetzt kein Regelbetrieb, sondern eine Sonderlage vorliegt, große Ressourcen bei gleichem Personaleinsatz freisetzen.

 ## ZEITSTRAHL UND PROGNOSE

Wir kommen in die Phase der Prognose. Anhand von Problemanalyse, Knackpunkten sowie Zielen und Nichtzielen legen Sie als Team zunächst fest: Was ist beim beschriebenen Problem der beste Fall, also die beste oder einfachste Situation, die eintreten könnte? Und welche Maßnahmen wären notwendig, dass dieser Fall eintreten würde? Notieren Sie kurz zwei bis drei Maßnahmen.
Jetzt kommt der wahrscheinlichste Fall. Mit welcher Situation muss realistischerweise gerechnet werden? Welche Maßnahmen sind vorzubereiten?

Zu guter Letzt noch der schlechteste Fall (Worst Case). Er muss genauso definiert werden, sodass das gesamte Spektrum der Möglichkeiten erfasst wird. Notieren Sie drei bis vier Maßnahmen, die ausgelöst oder durchgeführt werden müssen, wenn dieser Fall eintritt.

» Ein großer Vorteil der Prognose besteht darin, dass Sie in jeder möglichen Lage agieren können und vor der Lage bleiben. Sie reagieren aktiv, es kommt keine Hektik auf, und Sie bleiben im Modus: Volle Pulle, ganz gemütlich!!

Auch das Personal kann sich auf die einzelnen Maßnahmen vorbereiten. Ein Beispiel: Bei einem Busunfall auf der Autobahn (mit 50 Personen besetzt) rechnen wir mit vier bis fünf Schwerverletzten (»rot«), 20 Mittelschwerverletzten (»gelb«) und 25 bis 30 Leichtverletzten (»grün«).

Jedem ist klar, was zu tun ist. Wir brauchen fünf, mit Puffer sechs Schockraumteams für die Schwerverletzten. Wir brauchen genügend Einsatzkräfte, um 20 Mittelschwerverletzte vor Ort zu versorgen und abzutransportieren. Eine entsprechende Transportlogistik muss vorbereitet und durchdacht werden. Und die Betreuung der circa 30 Leichtverletzten ebenfalls. Durch die frühzeitige Prognose und Vorbereitung der notwendigen Maßnahmen können wir die Qualität für die Patienten bei geringerem Ressourceneinsatz möglicherweise erhöhen. Durch die nicht starre Patientenverteilung »Sechs Kliniken brauchen wir«, die dann weit auseinanderliegen und teils lange Transportwege erfordern, kann aufgrund des Zeitvorsprungs die Versorgungskapazität in nahe liegenden Kliniken abgefragt werden. Hat eine Klinik in dem Zeitkorridor von zum

Beispiel den nächsten 40 Minuten die Möglichkeit, drei Schockraumteams aufzustellen, wäre es fatal, dort »nur« einen schwer verletzten Patienten hinzubringen. Dies bedeutet, dass der erste Patient sofort kommen kann, der zweite in 30 Minuten und der dritte in 40 Minuten. Das hilft vor allem den Patienten und unterstützt die dringend benötigten Ressourcen für den Einsatz. Wenn aufgrund der Wetterlage Rettungshubschrauber nicht fliegen können (zum Beispiel Nebel), kann diese Maßnahme mehrere Menschenleben retten.

» Anmerkung: Das Gemütliche bitte nicht falsch verstehen. Es soll nur ausdrücken, wie ruhig alles in maximaler Schnelligkeit ablaufen sollte.

Vergleichbar mit der Automobilproduktion, bei der man auf den ersten Blick auch denken könnte, wie langsam das Band läuft. Bei näherer Betrachtung ist es die schnellste Produktion, die es je gegeben hat. Die Monteure in der Automobilproduktion arbeiten ebenfalls gemütlich. Erbringen aber Höchstleistung und machen kaum Fehler. Noch nie wurde schneller, präziser und zielorientierter ein Fahrzeug gefertigt.

6

Einsatz
Unfallrettung

Vom Sofortentscheiden zum Strategieentscheiden in der Praxis

Ein Verkehrsunfall hat klare Zielsetzungen hinsichtlich des Patientenzustandes sowie der daraus resultierenden Versorgungszeit bis zur Übergabe an eine geeignete Klinik. Die enge interdisziplinäre Abstimmung zwischen Rettungsdienst, Notarzt und Feuerwehr zur technischen Rettung ist Basis jedes Einsatzes.

Je nach Situation steht nur wenig Zeit zur Verfügung, um das Überleben eines Patienten zu sichern. Im Team wird immer versucht, das Bestmögliche zu erreichen, um keine Zeit zu verlieren. Alle Abläufe und Abstimmungen laufen automatisiert und strukturiert ab. Bei komplexen Situationen gilt es, schnell ins strategische Entscheiden zu kommen, nachdem die ersten Maßnahmen angelaufen sind. Nur so hat man die verschiedenen taktischen Optionen im Blick, kann sie vorbereiten und damit wertvolle Zeit sparen.

Bleibt man im Modus der Sofortentscheidung, wird man im Reagieren bleiben und kommt nur bedingt vor die Lage. Zumindest nicht mit dem Vorsprung, der Ruhe und der höchsten Performance. Langfristig bedeutet das bei einem Verkehrsunfall mit eingeklemmten Personen 30 bis 60 Minuten. Für die Gefahrenabwehr abgeschlossen ist ein Einsatz, wenn die Zeit stoppt. Diese stoppt, wenn der Patient erfolgreich an das Schockraumteam der zugeteilten Klinik übergeben wurde. Die Zwischenzeit für die Feuerwehr wird gestoppt, wenn der Patient an den Rettungsdienst übergeben werden konnte. Anhand dieses Beispiels möchte ich zeigen, wie die frühen Maßnahmen per Sofortentscheiden durch die erste ngetroffenen Einsatzkräfte ablaufen. Um dann zügig im strategischen Entscheidungsmodus mit engem Zeitkorridor im Minutenbereich weiter zu arbeiten. Für Patienten hat man oft nur wenige Minuten Zeit, sie technisch zu befreien. Die Teams müssen von allen Seiten parallel und koordiniert mit unterschiedlichen Werkzeugen arbeiten können.

ALLGEMEINE LAGE

Ort: Autobahn

Zeit: 5.54 Uhr

Wetter: Klar, dunkel mit ersten Lichtstrahlen des beginnenden Sonnenaufgangs, 2 °C

Einsatzstichwort: Verkehrsunfall, eingeklemmt

Bemerkung: 100 Meter vor einer Autobahnabfahrt

Der Zeitpunkt dieses Einsatzes ist für mich als Frühaufsteher recht angenehm. Dadurch bin ich schnell wach und habe im Normalfall keine Tiefschlafphase mehr. Ich bin sofort hellwach und weiß gleichzeitig aufgrund der Lokalität des Unfalls, dass wir zwei bis 15 Minuten Anfahrt haben werden. Nach dem Eintreffen auf der Autobahn starte ich direkt in die Erkundung. Die ersten Kräfte der nächstgelegenen Feuerwachen sowie der Rettungs-dienst sind schon vor Ort und haben die Erstmaßnahmen eingelei-tet.

PROBLEMANALYSE

Die Erkundung nach dem Eintreffen ergab zügig ein klares Bild. Ein Pkw war von der Fahrbahn abgekommen, hatte sich vermutlich mehrfach seitlich überschlagen und war tatsächlich in die Konstruktion eines Verkehrsschilds – dem 100-Meter-Schild vor Beginn der Autobahnabfahrt – eingeschlagen. Da es sich um ein Cabrio handelte, war es mit dem Dach und der Fahrzeugkonstruktion komplett mit den Metallstangen verkeilt.

Die nächstgelegenen Einsatzmittel – Feuerwache und Rettungsdienst – waren kurz vor mir eingetroffen, hatten die Erkundung gerade abgeschlossen und erste Sofortmaßnahmen eingeleitet.

Sie haben zuallererst einen Zugang zum Patienten für die Notärztin geschaffen, da ein Arm teilweise aus dem Fahrzeug herausragte. Die Person war scheinbar ansprechbar und konnte von außen Antworten geben. Dennoch musste man einen Zugang schaffen, um zu erkennen, wo und wie die Person eingeklemmt war und man sie befreien konnte. Man sah wirklich nur die Hand und ein Stück vom Arm. Mehr nicht.

Ich erhalte die Lageeinweisung des ersten Zugführers. Er stellt mir seinen Maßnahmenplan vor: Zugang zum Patienten schaffen sowie zur Sicherheit seitlich abstützen, bis weitere Maßnahmen möglich sind.

Mit der Notärztin spreche ich ebenfalls persönlich. Höchste Priorität hat die Menschenrettung. Die technischen Rettungsmaßnahmen und die notfallmedizinische Versorgung müssen haargenau abgestimmt sein, und wir dürfen keine Zeit verlieren. Aufgrund der Temperatur von lediglich zwei Grad ist der Zeitdruck hoch, da das Auskühlen des Patienten sich negativ auf mögliche innere Blutungen auswirken könnte.

Diese Gefahr wird durch die Aussage der Notärztin unterstrichen, da die Person bereits länger – es ist unklar, wie lange genau zum jetzigen Zeitpunkt – in dem Fahrzeug eingeklemmt liegt.

» Der erste Abgleich dauert circa 40 Sekunden.

Ich nehme mir zwei Minuten Zeit, während parallel die Sofortmaßnahmen durchgeführt werden. Und gehe einmal um die Einsatzstelle herum. Über die Böschung zum Fahrzeug, um sowohl eine detaillierte Nahaufnahme als auch einen Blick auf die Gesamtsituation zu erhalten.

Die Knackpunkte sind klar: Patient eingeklemmt. Fahrzeug muss zuvor vom Autobahnschild befreit werden. Erst dann kann man den Patienten befreien.

Da diese Reihenfolge aus technischen Gründen notwendig ist, lege ich jetzt Ziele und Nichtziele fest.

 ## ZIELE

Fahrzeug von Autobahnschild befreien und Seitenlage stabilisieren

Solange das Fahrzeug seitlich mit dem Autobahnschild derart ineinander verhakt ist, muss es gesichert werden. Einmal für den Patienten, aber auch für die Einsatzkräfte. Das Fahrzeug darf sich nicht unkontrolliert lösen. Sonst fällt es auf die Einsatzkräfte, die versuchen, den Patienten zu behandeln. Die Stabilisation muss aber auch schnellstmöglich aufgelöst werden können, um das zweite Ziel umsetzen zu können: den Leiterhebel. Mit diesem wird das Fahrzeug auf die Räder gestellt.

Leiterhebel zum sofortigen Drehen des Fahrzeugs zurück auf die Räder griffbereit haben

Fahrzeuge in Seitenlage können am einfachsten mit einer Leiter und sechs bis acht Personen wieder auf die Räder gestellt werden. Dies hilft dem Patienten und auch den Rettungsteams, die Person schnellstmöglich und schonend dem Rettungsdienst übergeben zu können. Da man wieder von mehreren Seiten arbeiten kann mit unterschiedlichen Werkzeugen (hydraulische Schere, Spreizer, Zylinder, Säbelsäge, etc.) je nach Bedarf. Daher müssen der Leiterhebel und das Team darauf vorbereitet sein. Es wird lange vor der Maßnahme eingeteilt, wer welchen Handgriff leistet und unterstützt, sobald das Fahrzeug mit dem Patienten gedreht werden kann. Sofern möglich, stützt eine Einsatzkraft den Patienten im Inneren des Fahrzeugs.

 # NICHTZIELE

Rettung der Person, während das Fahrzeug in Seitenlage ist

Wer schon einmal in Seitenlage im Gurt eines Fahrzeugs gehangen hat, weiß, dass nach 30 bis 40 Sekunden sehr starke Schmerzen entstehen können durch Druck und Quetschung. Dies bedeutet auch, dass schnellstmöglich der Normalzustand hergestellt werden sollte. Das erleichtert und beschleunigt auch ungemein die Rettung hinsichtlich Risiken, Aufwand und Zeit.

Arbeiten ohne Zeitdruck

Da unklar ist, wie lange die Person bei den vorliegenden Temperaturen in dem Fahrzeug bereits verharren musste, dürfen wir keine weitere Zeit verlieren. Es muss schnell und zügig agiert werden. Ansonsten löst die Unterkühlung bei möglichen inneren Verletzungen größere Probleme aus, die zur Lebensgefahr werden können. Alle Maßnahmen zum schnellen Abtransport werden parallel zu den technischen Maßnahmen der Rettung vorbereitet.

» Jetzt gehe ich über in die strategische Entscheidungsfindung!

Ich skizziere meinen Zeitstrahl und definiere Ziele und Nichtziele. Kurz und knapp mittels Bleistift auf meinem Schreibbrett. Auf dem Zeitstrahl markiere ich den jetzigen Zeitpunkt sowie den kritischen Punkt, bis wann der Patient befreit werden muss, damit er ohne Luftrettung (aufgrund der Dunkelheit hätte diese keinen Zeitvorteil in diesem Fall) in adäquater Zeit in eine geeignete Klinik überführt werden kann. Das klärt die Leitstelle im Hintergrund bereits ab.

DEFINITION VON FALLWAHRSCHEINLICHKEITEN

Bester Fall

Der Patient kann fast selbstständig das Fahrzeug verlassen und ist nicht schwerer eingeklemmt. Aufgrund eines Unfalls mit Überschlag würden wir allerdings versuchen, dass er sich nur wenig bewegen muss, bevor nicht weitere Untersuchungen in der Klinik angelaufen sind.

Maßnahmen: Keine weiteren Maßnahmen – der Patient verlässt selbstständig sein Fahrzeug und krabbelt darunter hervor.

Wahrscheinlichster Fall

Der Patient ist im Bauch- und Beinbereich eingeklemmt. Er wird langsam schwächer und weniger ansprechbar. Wir müssen das Fahrzeug schnellstmöglich auf die Räder stellen und ihn befreien.

Maßnahmen: Sobald der Zugang zum Patienten geschaffen ist, müssen wir das Fahrzeug so weit befreien, dass wir es umgehend auf die Räder stellen können. Ein Leiterhebel muss vorbereitet sein. Das läuft wie bei einem Boxenstopp in der Formel 1. Leitern anlegen und aufstellen auf die Räder. Alle weiteren Rettungsgeräte liegen griffbereit.

Schlechtester Fall

Der Patient gibt keine Antworten mehr, wird bewusstlos und muss sofort gerettet werden. Nur so können seine letzten Überlebenschancen gewahrt werden.

Maßnahmen: Auch hierfür werden Teams eingeteilt. Das erste sorgt für den Zugang zum Patienten. Das zweite Team eines Löschfahrzeugs führt den Leiterhebel durch, und das Team Nr. 3 führt die technische Rettung durch. Ein viertes Team unterstützt den Rettungsdienst. Parallel wird ohnehin schon der Rüstwagen in Stellung gebracht, um mit der Winde das Fahrzeug mit Gewalt zu lösen und gleichzeitig zu öffnen, um die Person sofort retten zu können.

Damit stehen alle Optionen auf dem Zeitstrahl. Ich gehe vom wahrscheinlichsten Fall aus. Das sagt mir mein Bauchgefühl. Es kann allerdings jederzeit auf den schlechtesten Fall umschwenken. Ich bin auf alle drei Fälle vorbereitet.

Das gilt durch die aktive Kommunikation und gemeinsame Abstimmung auch für die Einsatzkräfte. Wir sind gemeinsam für alle Fälle gewappnet. Sollte der Patient unter dem Fahrzeug hervorkrabbeln, können wir ihn dabei unterstützen. Auch für die anderen Fälle haben wir alles griffbereit. Unser Hauptziel bleibt die Rettung des Patienten ohne Zeitverlust und unter Berücksichtigung seines Gesundheitszustandes.

» Dieser Prozess dauert circa 40 bis 70 Sekunden. Optionen durchgehen und auf dem Schreibbrett mit Bleistift visualisieren.

Danach bespreche ich eine halbe Minute mit der Notärztin die nächsten Schritte. Nochmalige Abstimmung, was jeweils der beste, wahrscheinlichste und schlechteste Fall ist und welche notfallmedizinischen Maßnahmen dahinterliegen. Wir sind eng abgestimmt, egal welcher Fall eintritt.

Ich spreche mit der Notärztin über ihren ersten Eindruck vom Patienten, inzwischen ist ein Zugang geschaffen. Sie berichtet mir, dass aufgrund seiner Schilderungen davon auszugehen ist, dass er möglicherweise bereits eine Stunde bei diesen Temperaturen eingeklemmt unter seinem Fahrzeug liegt. Ziemliches Glück, dass er überhaupt noch lebt und in einem so guten Zustand ist, dass er Fragen durch das zerbeulte Blech ohne Blickkontakt beantworten kann.

Dabei schießt mir ein Spruch der alten, erfahrenen Haudegen in den Kopf:

» Es gibt einfach nichts, was es nicht gibt.

Ich schüttle kurz innerlich den Kopf und grinse dabei, weil es einfach mal wieder eine richtig kuriose Situation ist. Und dann geht es direkt weiter mit vollem Fokus auf den Patienten.

Dennoch darf keine Sekunde verrinnen. Alle taktischen Optionen sind vorbereitet. Die Rückmeldung des Zugführers, der die technischen Maßnahmen verantwortet und alle Maßnahmen vorbereitet hat für den wahrscheinlichen und schlechtesten Fall. lautet: Wir müssen das Fahrzeug befreien. Wenn das gelingt – was noch nicht klar ist –, könnten wir den Leiterhebel einsetzen, das Fahrzeug auf die Räder stellen und den Patienten retten.

Bei der technischen Rettung lasse ich das Anschlagen von Ketten prüfen, sodass wir das Fahrzeug auseinanderziehen können, um den Patienten zu befreien. Augenscheinlich scheint die Option nicht notwendig aufgrund der Verformungen des Fahrzeugs. Dennoch wird die Option komplett durchdacht und vorbereitet. Alles Material dafür ist griffbereit vor Ort. Alles andere wäre jetzt unprofessionell.

Circa drei Minuten später kommt die Rückmeldung, dass das Schild vom Fahrzeug getrennt werden konnte. Und die Notärztin den Patienten persönlich überprüfen kann. Sie weiß, dass wir für alle Optionen vorbereitet sind, und kennt unsere taktischen Optionen. Sie muss lediglich ein Zeichen geben, und es geht direkt weiter ohne Zeitverzug.

Der Zugführer und ich überprüfen noch einmal die Maßnahmen. Wir checken die eingeteilten Teams, sodass jeder weiß, was Rolle und Funktion sind, je nachdem, welches Zeichen der Rettungsdienst gleich gibt. Die Gruppenführer sind bereit und haben ihre kleinen Teams aus ihren Mannschaften sensibilisiert, sodass jedem klar ist, was das taktische Ziel und die taktischen Optionen sind.

» Damit sind wir wieder an dem Punkt: vor der Lage arbeiten! Volle Pulle, ganz gemütlich! Alle Handgriffe müssen jetzt reibungslos laufen und ineinandergreifen.

Die Notärztin des Rettungsdienstes gibt uns das Zeichen, dass wir den Wagen auf die Räder stellen können. Eine seitliche Rettung würde dem Patienten schaden und zu lange dauern. Ich erteile das Go für die taktische Option Leiterhebel. Ein Team stellt die Leitern an. Das nächste nimmt die seitliche Abstützung weg, und innerhalb von 20 bis 30 Sekunden steht das Fahrzeug wieder sanft auf den Rädern. Es wird gesichert und umgehend die Rettung per Rettungsbrett vorbereitet. Parallel wird die Einklemmung im Beinbereich kontrolliert. Diese ist leicht zu lösen in kürzester Zeit. Der Patient war mehr eingeschlossen als eingeklemmt.

Innerhalb von 30 bis 40 Sekunden liegt der Patient achsengerecht per Rettungsbrett auf der Trage des Rettungsdienstes. Selbstverständlich mit Vakuummatratze, wie es sich bei derartigen Verletzungsmustern gehört.

Durch die Zeitkontrolle auf meinem Zeitstrahl sehe ich, welche Geschwindigkeit die Rettungsmaßnahmen haben und wie die taktischen Optionen Hand in Hand ineinandergreifen.

›› Der Zustand des Patienten hat sich nicht verschlechtert. Daher arbeiten wir im Szenario: wahrscheinlichster Fall.

Die Notärztin gibt sich maximal zehn Minuten für die Patientenversorgung vor Ort. Ihr Assistent bereitet Abtransport und Abfahrt vor. Sie checkt den Patienten durch und führt eine Schmerzlinderung medikamentös durch. Auch sie ist voll fokussiert auf den zeitlichen Ansatz und weiß, dass aufgrund der langen Liegezeit im sehr kalten Umfeld der Zeitdruck besonders hoch ist.

Nach acht Minuten startet der Rettungswagen mit dem Patienten und der Notärztin an Bord in Richtung der zugeteilten Klinik, welche die Leitstelle im Hintergrund während der letzten Minuten und parallel zu den Rettungsmaßnahmen vor Ort organisiert hat.

8 MINUTEN. DAMIT IST UNSER JOB GETAN ✔

Der Einsatz ist rundgelaufen. Daher entscheide ich mich für ein kurzes, kompaktes Debriefing vor Ort mit den etwa 20 Einsatzkräften. Auf diese Weise werden jedem nochmal Situation, Lage, Verlauf und taktische Maßnahmen inklusive deren Vorbereitung und Durchführung bewusst. Jeder erkennt mögliche Lernpunkte für sich und kann diese für seinen nächsten Einsatz mitnehmen.

Den Kolleginnen und Kollegen auf der Wache wird berichtet, und sie profitieren daher auch indirekt von den Lernpunkten.

Am nächsten Tag meldet sich die Notärztin und berichtet von dem fast unglaublichen Glück, das der Patient hatte. Letztlich hatte er keine inneren Verletzungen, sondern nur eine Schulterverletzung. Bei dem Unfallmechanismus, der langen Liegedauer und der kalten Temperaturen ist es eigentlich ein Wunder, derart glimpflich aus der Situation gekommen zu sein.

Dieses Ergebnis gebe ich an alle Einsatzkräfte weiter. Denn nur mit vollständiger Nachbesprechung und der Erkenntnis, was aus dem Patienten geworden ist, können wir gemeinsam voneinander profitieren, den Erfolg oder auch Nichterfolg unserer Maßnahmen möglichst objektiv wahrnehmen und für die Zukunft nutzen.

» Ständiges Lernen und voneinander profitieren. Im Training und Einsatz. Nur wenn wir über Einsätze berichten, kann der Nächste, der eine ähnliche Situation erlebt, Gefahren früher erkennen und schneller mögliche Lösungen entwickeln.

ZIELE

◆ Fahrzeug von Autobahnschild befreien

◆ Seitenlage nur stabilisieren bis Leiterhebel möglich

◆ Leiterhebel zum sofortigen Drehen des Fahrzeugs zurück auf die Räder griffbereit haben

◆ Rettung der Person, während das Fahrzeug in Seitenlage is

Raumordnung

Rüstwagen → Windenrettung, Verkehr absichern → Autobahn!, Abfahrtgasse RTW

Verkehr

Autobahn, Verkehr, Staubildung

Einsatzstichwort:
Verkehrsunfall eingeklemmt

Bemerkung:
100 Meter vor einer Autobahnabfahrt

Patient

kein Zugang, Zustand unklar, Verkehrsschild mit Fahrzeug stark verknäuelt

Unfall

Rettungsdienst

Material bereit, Trage bereit, enge Abstimmung Feuerwehr

Taktik

Verkehrsschild in Pkw, Pkw Seitenlage, Leiterhebel, Windenrettung

5.54 Uhr   Autobahn   Klar, 2 °C

PROBLEMANALYSE ⊕

Strategisch entscheiden

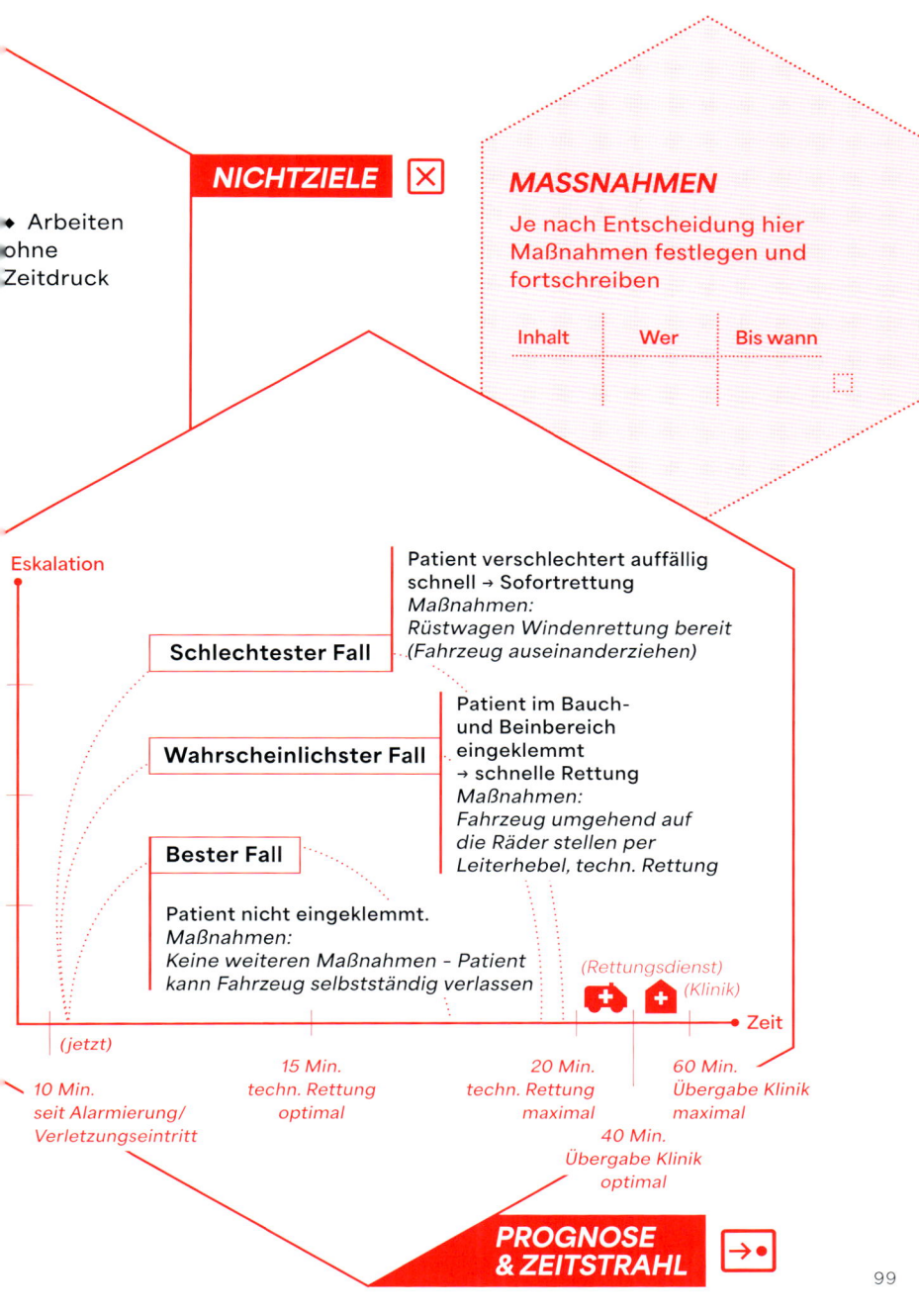

◆ Arbeiten
ohne
Zeitdruck

MASSNAHMEN

Je nach Entscheidung hier
Maßnahmen festlegen und
fortschreiben

Inhalt	Wer	Bis wann

Eskalation

Patient verschlechtert auffällig
schnell → Sofortrettung
Maßnahmen:
Rüstwagen Windenrettung bereit
(Fahrzeug auseinanderziehen)

Schlechtester Fall

Patient im Bauch-
und Beinbereich
eingeklemmt
→ schnelle Rettung
Maßnahmen:
Fahrzeug umgehend auf
die Räder stellen per
Leiterhebel, techn. Rettung

Wahrscheinlichster Fall

Bester Fall

Patient nicht eingeklemmt.
Maßnahmen:
Keine weiteren Maßnahmen – Patient
kann Fahrzeug selbstständig verlassen

(Rettungsdienst)

(Klinik)

Zeit

(jetzt)

10 Min.
seit Alarmierung/
Verletzungseintritt

15 Min.
techn. Rettung
optimal

20 Min.
techn. Rettung
maximal

60 Min.
Übergabe Klinik
maximal

40 Min.
Übergabe Klinik
optimal

PROGNOSE
& ZEITSTRAHL →●

7

Einsatz
Unwetter

Eine Lage entwickelt sich zu einem komplexen Worst Case

Eine sich eher langsam aufbauende Lagesituation, die in wenigen Minuten höchste Dynamik erreichen kann, stellen Unwetter und Gewitterzellen dar. Im Gepäck haben sie Regen, Hagel, Wind oder Blitzschlag. Alle haben unterschiedliche Auswirkungen auf bebaute und unbebaute Regionen. Schauen wir uns das näher an:

Niederschlag: Er sorgt bei ergiebigem Regen für einen Anstieg von Grundwasserstand und/oder Pegel an Bächen und Flüssen. Vor allem auch in Kombination mit einem Unwetter. Als Platzregen im Rahmen eines Gewitters mit hohen Niederschlagsmengen in kurzer Zeit flutet er schnell sensible Infrastruktur wie Unterführungen, Bahnstrecken oder Straßen.

Hagel: Er ist nicht in jeder Gewitterzelle enthalten, kann sich aber punktuell entwickeln und große bis größte Schäden anrichten. Ganze Dörfer, Straßenzüge oder Stadtviertel können zerstört werden. Es betrifft in erster Linie Dachflächen. Bei großen Hagelkörnern und starken Winden können Fassaden so beschädigt werden, dass Feuchtigkeit und Regen in die Häuser eindringen. Hagel kann eine komplette Verkehrsinfrastruktur innerhalb von Minuten lahmlegen und massive Schäden erzeugen.

Wind: Er kann mit hohen Geschwindigkeiten auftreten und Bäume zum Umstürzen bringen. Diese blockieren in bebauten Gebieten

Straßen, erzeugen Schäden sowohl an allgemeiner Infrastruktur (Stromversorgung, Straßenbeleuchtung etc.) als auch an der Verkehrsinfrastruktur (Straßen etc.). In Kombination mit Gewitterzellen kann er sich im schlechtesten Fall zu einer Art Tornado entwickeln und Häuser sowie Straßenzüge punktuell (über mehrere Hundert Meter) schwer beschädigen.

Blitzschlag: Er tritt bei Gewittern in unterschiedlicher Intensität auf. Teilweise als Wetterleuchten ohne größere Gefahr am Boden, teilweise mit regelmäßigen Bodeneinschlägen. Damit stellt er auch eine große Gefahr für Gebäude oder fliegende Bauten (Festzelte) dar.

 ## ALLGEMEINE LAGE
Ort: Stadtgebiet
Zeit: 13.30 Uhr
Wetter: Schönes Sommerwetter, vereinzelt leichte Bewölkung

Einsatzstichwort: Unwetterwarnung: Stufe rot

Bemerkung: Ab 15.00 Uhr können schwere Gewitter in großen Teilen des Stadtgebiets auftreten. Es handelt sich um einen belebten Sommertag mit vielen Touristen, die im gesamten Stadtgebiet unterwegs sind. Die Feuerwehr ist bereits durch einen Großbrand in den frühen Morgenstunden, der bis jetzt Löscharbeiten vor Ort erfordert hat, stark gefordert. Der Rettungsdienst ist aufgrund der hohen Zahl von Veranstaltungen personell maximal ausgelastet. Der Sanitätsdienst ebenfalls. Mehrere Hunderttausend Besucher sind im Stadtgebiet unterwegs.

PROBLEMANALYSE

Die Unwetterwarnung am frühen Mittag ist keine außergewöhnliche Unwetterwarnung. Stufe rot bedeutet, dass die Gewitter keine massiven Auswirkungen haben. Diese entstehen nur, wenn eine Zelle sich nicht weiterbewegt und ihre gesamte Energie punktuell ablässt. Die Folge sind Überschwemmungen, umgestürzte Bäume, Hagelschäden oder Blitzschlag. Durch den Großbrand ist die Feuerwehr stark belastet – auch die freiwillige Feuerwehr ist zu großen Teilen ausgerückt und besetzt die Feuerwachen der Berufsfeuerwehr, die leer gefegt sind.

Der öffentliche Nahverkehr ist durch zwei Großveranstaltungen stark belastet. Mit über einhunderttausend Personen auf einer einzelnen Veranstaltung wird in den Nachmittagsstunden eine weitere Zunahme der Belastung erwartet. Eine andere Veranstaltung, die sich über das gesamte Stadtgebiet erstreckt, sorgt für Verzögerungen im gesamten System. Zusätzlich finden kleinere Veranstaltungen im Stadtgebiet statt. Der Rettungsdienst ist stark ausgelastet, es ist aber aktuell kein besonderer Peak zu erwarten. Also alles normal an so einem schönen Sommertag.

ZIELE

Vor der Lage bleiben

Konkret: Situation gut beobachten, bei Verschärfung direkt Rücksprache mit dem Wetterdienst halten zur detaillierten Einschätzung der erwähnten Faktoren und Auswirkungen. Unbedingt verhindern, dass auf ein überraschendes Unwetterereignis reagiert werden muss.

Bei Bedarf aktive Kommunikation in die Koordinierungskreise der Großveranstaltungen sowie an die kleineren Veranstalter (im Koordinerungskreis treffen sich alle Verantwortlichen einer Veranstaltung: Veranstalter, Behörden, Polizei, Sicherheitsdienst, Sanitätsdienst, Gefahrenabwehr [Feuerwehr, Rettungsdienst]).

Wenn möglich, ehrenamtliche Einheiten (Feuerwehr und Sanitätseinheiten) geplant zusammenstellen. Jede Ad-hoc-Alarmierung vermeiden (bei einer Alarmierung müssen die Einsatzkräfte sich sofort zu ihrem Gerätehaus begeben und ausrücken. Die Folge: erneute Belastung für die Familien und Arbeitgeber der Einsatzkräfte. Deswegen gilt: grenzwertig privat oder beruflich belastete Einsatzkräfte erst zum Schluss heranziehen).

☒ NICHTZIELE

Panik erzeugen

Konkret: Ruhe bewahren und professionell monitoren. Nicht unnötig Nervosität verbreiten über ein Unwetter, das womöglich nicht eintritt und überhaupt keine Einsätze erfordert. Falscher Aktionismus kann hier für eine Belastung im System sorgen, obwohl gar kein Auftrag vorliegt. Jeder meint es gut. Doch bis jeder mit jedem gesprochen und überlegt hat, wird viel Energie verbraucht, Zeit verloren, und so entstehen Gerüchte. Auf keinen Fall unklare Situationen kommunizieren, sondern die diensthabenden Verantwortlichen klar informieren. Diese kommunizieren dann in eigener Verantwortung an ihre jeweiligen Einsatzkräfte.

Betrieb einer Großveranstaltung stören

Der Betrieb der Großveranstaltungen und kleineren Feste soll nicht gestört werden. Überall steckt viel Aufwand dahinter. Die Veranstalter haben bisweilen monate- oder sogar jahrelang ein Ereignis vorbereitet. Deshalb besonders hohe Sensibilität, ohne Risiken zu ignorieren oder zu missachten. Bei allen Großveranstaltungen sind Personen von weit angereist und haben Tickets ergattert oder lösen die Tickets als Weihnachtsgeschenke ihrer Liebsten ein. Kein Wunder, wenn hier höchste Emotionen im Spiel sind.

Beeinflussung von außen

Alle Beeinflussungen von außen aus beiden Richtungen sind zu vermeiden. Ein Aktionismus, ohne dass er zwingend nötig ist, muss unbedingt vermieden werden. Deshalb wird fokussiert Monitoring betrieben und kein »Könnte«-, »Hätte«-, »Sollte«-Besprechungs- und Kaffeeklatsch abgehalten.

ZEITSTRAHL UND PROGNOSE

Auf dem Zeitstrahl zeigen sich mehrere kritische Punkte. Mit dem Beginn der abendlichen Großveranstaltung ist klar, dass bei starkem Regen und mehreren Zehntausend Personen auf dem Gelände eine Räumung nicht in 15 oder 20 Minuten erledigt werden kann. Es wird ein Vorlauf benötigt. Das bedeutet, dass die Entscheidung zu einer möglichen Räumung aufgrund von Hagel, Blitzschlag oder Platzregen zu einem Zeitpunkt getroffen wird, zu dem noch keiner ahnt, dass es so kommen könnte. Dreht die Gewitterzelle möglicherweise noch ab?

Eine schwierige Entscheidung.

Bester Fall

Die Unwetterwarnung ist erfolgt, die sich aufbauenden Gewitterzellen im Umfeld der Stadt driften allerdings an der Stadt vorbei.
Vielleicht kommt Regen, aber es besteht zu keiner Zeit Gefahr für
die Besucher der Veranstaltungen und für das allgemeine Leben
im Stadtgebiet.

Wahrscheinlichster Fall

Einige Gewitterzellen erreichen das Stadtgebiet, wodurch es in
einem überschaubaren Bereich zu Schauern kommt. Vielleicht
muss ein punktueller Bereich der an mehreren Orten im Stadtgebiet betriebenen Großveranstaltung seinen Betrieb unterbrechen. Einzelne Feuerwehreinsätze sind die Folge, die aber keiner
besonderen Einsatzkräfte bedürfen.

Schlechtester Fall

Die Gewitterzellen laufen zusammen, bauen sich zu einer großen
Zelle auf und die Wetterwarnung wird auf Violett hochgestuft.
Möglicherweise Hagel oder Blitzschlag am Boden. Zudem ist ein
Großteil des Stadtgebiets betroffen. Es entstehen Einsatzstellen
an verschiedenen Orten im Stadtgebiet. Es muss ein enger Aus-
tausch mit den Koordinierungskreisen erfolgen.

**» Auf dem Zeitstrahl werden rote Punkte fixiert, an
denen eine Entscheidung getroffen werden muss.**

Danach rufe ich meine beiden Kollegen in den jeweiligen Koordinierungskreisen an, um die Einschätzung aus der Leitstelle zu

besprechen. Sowie den aus rückwärtiger Leitstellensicht besten, wahrscheinlichsten und schlechtesten Fall zu kommunizieren. Dieser kurze Austausch ist sehr hilfreich, da man eine professionelle Einschätzung aus erster Hand erhält.

In den Gesprächen bestätigen sich die roten Zeitpunkte in Bezug auf die Veranstaltungsabläufe. Deshalb vereinbare ich mit beiden den nächsten Austausch, markiere den Zeitpunkt auf dem Zeitstrahl und kümmere mich in der Zwischenzeit um die aktuelle Einschätzung des Deutschen Wetterdienstes.

» Ich überprüfe Ziele und Nichtziele sowie die Problemanalyse. Momentan ist keine Anpassung notwendig.

Das Problem wächst an: Die Gewitterzellen werden größer. Unklar ist noch, ob Hagel dabei ist. Blitzschlag erscheint als sicher. Ein normales, starkes Gewitter. Ich frage den Wetterdienst nach dem Verlauf der Gewitterzellen, da sie oft am Stadtrand abprallen und ins Umland driften. Antwort: Die Zellen werden definitiv im Norden auf das Stadtgebiet treffen, dann bis zur Stadtmitte und in Richtung Osten weiterziehen. Dieser Satz macht mich kurz sprachlos.

Damit würden die Gewitterzellen jetzt mit Blitzschlag und gegebenenfalls auch Hagel alle kritischen Örtlichkeiten am heutigen Tag im Stadtgebiet treffen. Mit mehreren Hunderttausend Besuchern.

Macht der Experte nur einen Spaß? Ich frage: »Soll das ein Witz sein?« Er antwortet ruhig: »Nein, das ist sogar sehr wahrscheinlich«. Ob mit Hagel oder »nur« mit starkem Blitzschlag.

›› Ab jetzt ist Crunchtime.

Wir stellen sofort auf eine Onlinekonferenz mit dem Wetterdienst um. Vor uns zeigen sich detaillierte Wetterbilder und Verlaufsprognosen. Wir vereinbaren eine weitere Rücksprache in 30 Minuten mit den Kollegen in den Koordinationskreisen.

Zeitplan und Prognose werden entsprechend angepasst. Es wird auf Worst Case umgestellt, und die weiteren Abstimmungen werden als Termin auf dem Zeitstrahl dokumentiert.

Ab jetzt läuft die Maschine in enger Taktung, die Maßnahmen aktiver Kommunikation laufen an, kurze, knappe Lagebesprechung mit den Verantwortlichen der Einheiten und direkter Kontakt mit den Koordinierungskreisen. Diese entscheiden zwar für sich, allerdings muss es in den gesamtstädtischen Ablauf passen, der in der Leitstelle zusammenläuft.

›› Der Zeitstrahl wird permanent fortgeschrieben.

Da das Unwetter über nahezu alle Veranstaltungsbereiche fegt, muss das Festivalgelände mit über 30 000 Besuchern geräumt werden. Die Entscheidung muss 60 Minuten vor der Räumung kommuniziert werden. Ansonsten kann man die Räumung nicht schaffen. Zu dem Zeitpunkt wird noch kein schlechtes Wetter vor Ort aufgezogen sein. Entscheidungen, die die Besucher nicht gut finden und erst später nachvollziehen können, sind schwierig. Denn Menschen zu bewegen, etwas zu tun, das sie aufgrund der Eindrücke vor Ort nicht nachvollziehen können, ist kaum möglich. Das gilt auch für alle anderen Veränderungsprozesse. Jetzt geht es Schlag auf Schlag, und das Wetter zieht zu. Es regnet und gewittert bereits sehr stark.

Der öffentliche Nahverkehr wird massiv in Mitleidenschaft gezogen. Eine U-Bahn-Linie wird durch Personen blockiert, die in den Bahnhöfen Schutz vor dem Gewitter und Blitzschlag suchen und nicht auf die Anweisungen hören. Es besteht kurzzeitig höchste Lebensgefahr. Sofort wird der Bahnbetrieb eingestellt, bis keine Personen mehr im Gleis sind.

Damit sind alle Punkte des schlechtesten Falles eingetreten. Alle kritischen Entscheidungen müssen getroffen werden, und bis in die Nacht wird die Prognose ständig neu aktualisiert.

Ganz wichtig: Zu keiner Zeit entstand Chaos. Wir waren immer vor der Lage, wir wussten, was wir als Nächstes im besten, im wahrscheinlichsten oder im schlechtesten Fall entscheiden müssen. Es wurden einige Ad-hoc-Alarmierungen vermieden. In Einzelfällen waren sie notwendig, dort war aber derart Gefahr in Verzug, dass sofortiges Einschreiten notwendig war.

» Deshalb kann ich Ihnen nur raten: Nutzen Sie das einfache Mittel des Zeitstrahls und der Prognosen, führen Sie es fort und zeichnen Sie die Verlaufslinie ein, sodass Sie immer wissen, wo Sie stehen, wie sich die Lage entwickelt und wann Sie wieder im Normalbetrieb sind. Dann kann Sie Ihre subjektive Wahrnehmung kaum mehr täuschen.

☑ **ZIELE**

◆ Vor der Lage bleiben durch enges Monitoring

◆ Aktive Kommunikation mit den Koordinierungskreisen der Groß-veranstaltung

◆ Ehrenamtliche Einheiten mög-lichst geplant in Einsatz bringen statt Ad-hoc-Alarmierung

◆ Panik erzeugen

◆ Betrieb Ve anstaltunge stören

Rettungsdienst

hohe Auslastung, Zusatz-fahrzeuge, Sonderbedarf frühzeitig

Sanitätsdienste

hohe Auslastung bei Ver-anstaltungen, Einsatzein-heiten einsatzbereit

Unwetterwarnung

Feuerwehr

Berufs- & freiwillige Feuerwehr, stark be-lastet, Unwettermate-rial einsatzbereit, viel Voralarmierung, wenig Ad-hoc-Alarmierungen

Technisches Hilfswerk

einsatzbereit, frühzeitig informieren

Großveranstaltungen

2 x Koordinierungskreise, Schwerpunkte Nord, Mitte, Osten knapp 1 Mio. Gäste

DWD

Risiken, Starkregen, Hagelwahrscheinlichkeit, Blitzschlag, Prognose?

Einsatzstichwort:
Unwetterwarnung: Stufe rot

Bemerkung:
100 000 Besucher
Rettungsdienst & Sanitätsdiens
bereits ausgelastet

13.30 Uhr   Stadtgebiet   leicht bewölkt

PROBLEMANALYSE ⊕

Strategisch entscheiden

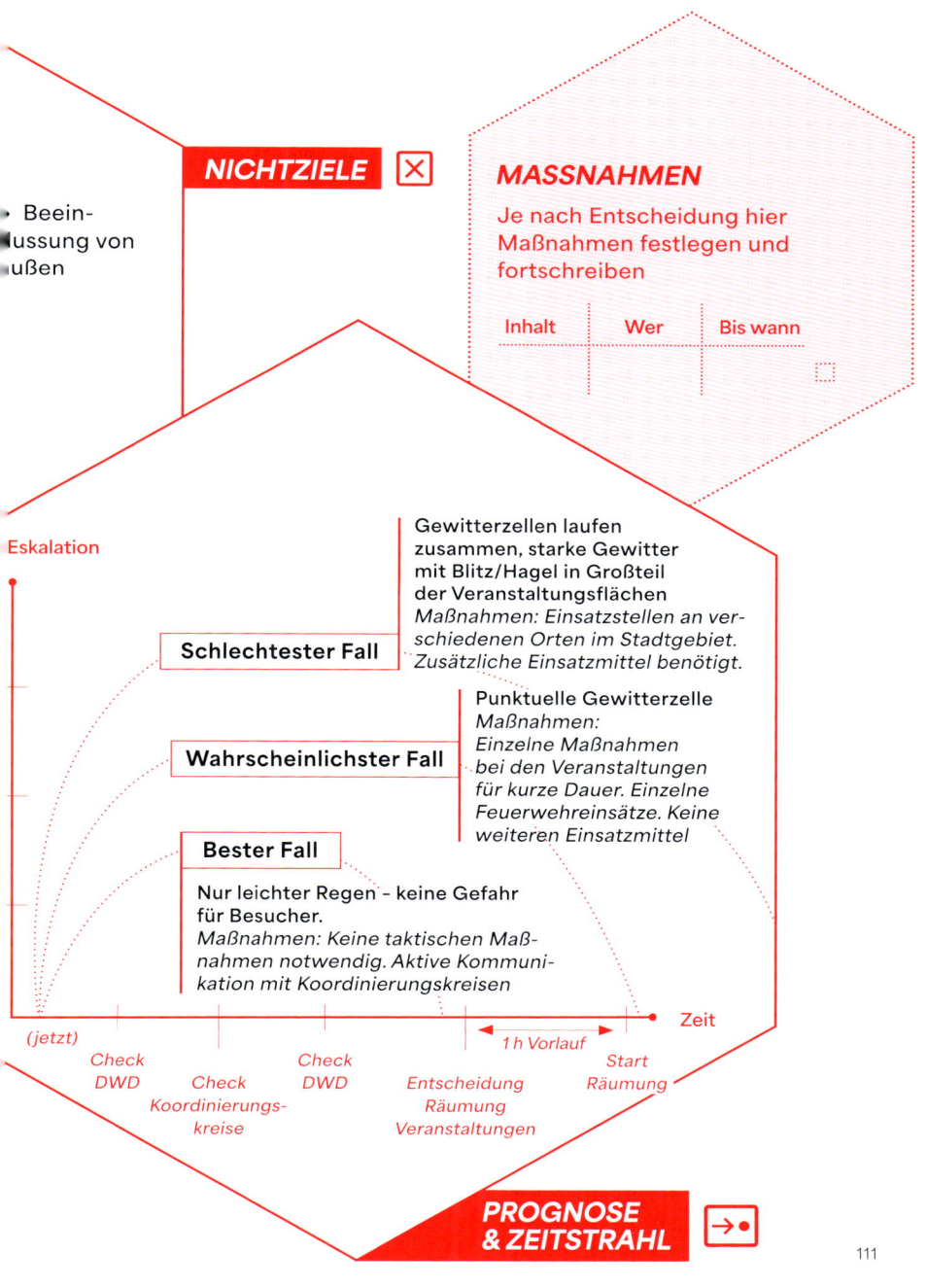

NICHTZIELE ☒

• Beein-
flussung von
außen

MASSNAHMEN

Je nach Entscheidung hier
Maßnahmen festlegen und
fortschreiben

Inhalt	Wer	Bis wann

Eskalation

Schlechtester Fall

Gewitterzellen laufen
zusammen, starke Gewitter
mit Blitz/Hagel in Großteil
der Veranstaltungsflächen
*Maßnahmen: Einsatzstellen an ver-
schiedenen Orten im Stadtgebiet.
Zusätzliche Einsatzmittel benötigt.*

Wahrscheinlichster Fall

Punktuelle Gewitterzelle
*Maßnahmen:
Einzelne Maßnahmen
bei den Veranstaltungen
für kurze Dauer. Einzelne
Feuerwehreinsätze. Keine
weiteren Einsatzmittel*

Bester Fall

Nur leichter Regen – keine Gefahr
für Besucher.
*Maßnahmen: Keine taktischen Maß-
nahmen notwendig. Aktive Kommunikation mit Koordinierungskreisen*

Zeit

(jetzt)

1 h Vorlauf

*Check
DWD*

*Check
Koordinierungs-
kreise*

*Check
DWD*

*Entscheidung
Räumung
Veranstaltungen*

*Start
Räumung*

**PROGNOSE
& ZEITSTRAHL** →•

Einsatz
Hochwasser

Eine Starkregenprognose mit Folgen

Dass Bäche und Flüsse über die Ufer treten, ist für die Feuerwehr schon immer Alltag gewesen. Was in der heutigen Zeit extremer wird, sind lokale Ereignisse mit hohen und höchsten Niederschlagsmengen, die schnell einen kleinen Bach über die Ufer treten lassen.

Gleichzeitig steigt der Grundwasserspiegel bei länger andauerndem Niederschlag über mehrere Tage je nach geologischer Beschaffenheit und unterirdischem Wassernetz schneller oder weniger schnell stark an. Die Schäden sind oft immens und der Verlust von Werten für die Betroffenen emotional eine sehr große Belastung.

Jeder muss sich hier bestmöglich vorbereiten und gewappnet sein für ein nicht vorstellbares Ereignis. Gleichzeitig bestehen durch heutige Informationssysteme von Wasserwirtschaft und Wetterdienst sehr gute Angaben über die Niederschlagsmengen. Es gilt, diese Daten übereinanderzulegen und mit Experten gemeinsam zu beraten, in welche Richtungen die Lage sich entwickeln kann.

Deshalb müssen bei Hochwasser frühzeitig strategische Entscheidungen getroffen werden. Ohne Prognose läuft man sonst in die Lage, und das Schadensausmaß kann deutlich höher sein, als wenn vorher präventive Maßnahmen getroffen wurden. Sei es, eine Innenstadt zu schützen, ein Wohngebiet oder auch die Einwohner besser zu sensibilisieren durch aktive Information.

Die Hochwassergefahren-Karten sind öffentlich verfügbar und zeigen sehr gut, welche Gebiete bei welcher Art von Hochwasserereignis überflutet sind. Das ist inzwischen alles durch Simulationen berechnet und mit historischen Werten abgeglichen.

Ein 50-jähriges Ereignis kommt einmal in 50 Jahren vor, mit einem 100-jährigen Ereignis ist einmal in 100 Jahren zu rechnen. Das bedeutet nicht, dass es in 100 Jahren eintreten könnte, sondern dass es in 100 Jahren mindestens einmal eintritt. Liest man die Definition so, ist klar, dass man sich vorzubereiten hat. Zudem gibt es noch eine Stufe darüber: das Extremereignis. Dieses liegt über dem 100-jährigen Pegelstand.

» **Deshalb halte ich es für so wichtig, dass sich jeder in seinem Umfeld mit der Thematik beschäftigt, vorbereitet und weiß, was er machen würde – vor der Lage –, um im Ernstfall die passenden Maßnahmen anlaufen zu lassen, beispielsweise den Keller zu räumen.**

Gleichzeitig kommen neue Faktoren bei großen Schäden hinzu. Die Hilfsbereitschaft in der Bevölkerung ist so groß wie selten zuvor. Man hilft sich gegenseitig wieder mehr in Krisensituationen. Die Folge für uns Einsatzkräfte: Die spontane Hilfe von Freiwilligen muss mit den Maßnahmen der Einsatzkräfte gut abgestimmt sein und effektiv genutzt werden.

⊙ ALLGEMEINE LAGE

Ort: Mehrere betroffene Landkreise

Zeit: 18.00 Uhr

Wetter: Regen

Einsatzstichwort: Warnung ergiebiger Dauerregen, teilweise über 100 Liter pro Quadratmeter, Vorwarnung: Hochwasser. Flüsse und Bäche treten über die Ufer. Es ist mit Überflutung von bewohntem Gebiet zu rechnen.

Bemerkung: Die Unwetterwarnung kommt überraschend. Für eine Region mit einer Ausdehnung in der Länge über 100 Kilometer und in der Breite etwa 70 Kilometer. Die meisten Flüsse fließen in der gleichen Richtung ab. Die Folge: Am Ende der Flüsse sammelt sich das Wasser stärker als zu Beginn. Die Warnung vor Dauerregen und Hochwasser bezieht sich auf starke Regenfälle von heute 14.00 Uhr bis 14.00 Uhr des Folgetages. Aktuell steigen die Pegel der Bäche und Flüsse bereits stark an. Die Prognosen erwarten ein sehr kritisches Ereignis mit Auswirkungen auf bewohntes Gebiet.

⊙ PROBLEMANALYSE

Überflutungskarten zeigen genau, welche Bereiche in welchem Fall überflutet sein werden. Inklusive historischer Hochwassermarken. Deshalb kann man die Entscheidungsarbeit gut vorbereiten und die Einschränkungen des öffentlichen Lebens voraussagen. Betroffen sind nicht nur die Verkehrsinfrastruktur, wie ÖPNV und Straßennetz, sondern auch wichtige Infrastruktur wie Kindergärten, Schulen, Lebensmittelversorgung und Firmen.

Als kritische Punkte werden im beschriebenen Fall das 100-jährige Hochwasser und das extreme Hochwasser markiert. Die Ziele-Definition und die Nichtziele-Definition sind jetzt wichtig. Nahezu alle Fachbereiche, Behörden sowie Unternehmen der kritischen Infrastruktur sind involviert. Wenn hier nicht von der Einsatzleitung klare Ziele und Nichtziele herausgegeben werden, können schnell mehrere Richtungen entstehen, die den möglichen Einsatz unnötig kompliziert und fehleranfällig machen.

 ## ZIELE

Klare Kommunikation in die Öffentlichkeit mit allen potenziellen Einsatzkräften

In unserem System der Gefahrenabwehr stellt die Bevölkerung auch einen Teil der Einsatzkräfte dar. Deshalb sind klare Informationen an die Menschen wichtig. Das wirkt sich positiv auf die Bevölkerung aus und beruhigt. Ein Faktor, der nicht zu unterschätzen ist. Gleichzeitig sind womöglich Angehörige betroffen, deren Partner im Einsatz sind und sich Sorgen machen. Deshalb Ziel 1: eine klare und einheitliche Kommunikation nach innen und außen.

Vor der Lage bleiben und jederzeit agieren statt reagieren

Man muss sich disziplinieren, konsequent vor der Lage zu arbeiten. Rutscht man in die Lage nur hinein, ist man schnell im Reaktionsmodus und kann sich nur schwer herausarbeiten. Deshalb Ziel 2: ein konsequentes, diszipliniertes Arbeiten und Einhalten der zeitlichen Knackpunkte auf dem Zeitstrahl.

Strukturierte Vorbereitung möglicher Maßnahmen

Klarer Fahrplan, der auf die individuelle Situation zugeschnitten wird. Man muss frühzeitig agieren und präventiv handeln, um möglichst viele Schäden reduzieren zu können.

☒ NICHTZIELE

Detailplanung für einzelne Firmen und Kommunen, die selbstverantwortlich arbeiten müssen

Alle Bürger genauso wie alle Firmen müssen sich selbst vorbereiten und schützen! Die öffentliche Gefahrenabwehr hat einen klaren gesetzlichen Auftrag. Ihn zu erfüllen ist teilweise nur mit Priorisierung möglich. Deshalb: Keine Panik entfachen, die hinterher unnötig ist. Das Auslösen von Maßnahmen ist wichtig und logisch. Gleichzeitig hat dies immer eine Wirkung. Man muss gut abwägen, was wann zu welchem Zeitpunkt ausgelöst und kommuniziert wird. Die Gerüchteküche ist sofort aktiv und nur schwer wieder einzufangen.

Hektische Sofortalarmierung von Einsatzkräften, lokal und überregional

Einsatzkräfte anfordern sollte nie aus Hektik in der laufenden Lage passieren, sondern immer vor der Lage. Mit klaren Aufgaben, welche zum Zeitpunkt X zu übernehmen sind. Dies schafft eine deutlich höhere Effektivität vor Ort. Denn Hektik und Panik sind immer ein Energiefresser für alle Beteiligten, ohne dass Wirkungen entstehen.

ZEITSTRAHL UND PROGNOSE

Die Prognose auf dem Zeitstrahl darzustellen, bedeutet, komplexe Situationen kompakt zusammenzufassen. In wenige Aufgabenpakete, die dann gut und einfach umzusetzen sind. Ohne diese Darstellung gelingt es nicht, die Situation und den dazugehörigen Zeitdruck hinter den Maßnahmen zu verstehen. Alle müssen verstanden haben, um was es geht, warum bis wann was bearbeitet und erledigt sein muss, damit andere Maßnahmen wirken können. Dies reduziert Kommunikationsbedarfe.

» Deshalb definieren wir auch hier die drei Fälle, sodass klar ist, mit was wir zu rechnen haben.

Bester Fall:

Die Pegel schwellen langsam an. Es werden keine kritischen Hochwassermarken überschritten. Der Wendepunkt tritt früher ein als erwartet. Keine Auswirkungen auf die Öffentlichkeit. Dies wäre optimal. Es müssten keine Maßnahmen ausgelöst werden – weder präventiv noch reaktiv.

Wahrscheinlichster Fall:

Mehrere lokale Bereiche und Brücken sind nicht mehr passierbar. Erste Stausituationen an den Brücken. Aufgrund von Überflutungen sind einzelne Straßen und Unterführungen nicht mehr benutzbar. Erste Keller werden wegen des ansteigenden Grundwasserspiegels überflutet. Durch aktive, frühzeitige Entscheidungsarbeit können viele Einsätze verhindert werden. Die Bevölkerung ist frühzeitig vorbereitet und kann sich selbstständig kümmern.

Dies würde einzelne Maßnahmen erfordern, inklusive Mannschaft und Gerät. Auswirkungen für den Grundschutz von Feuerwehr und Rettungsdienst sind gegeben, da sich die Anfahrten in verschiedene Gebiete ändern und Anpassungen bei der Fahrzeugaufstellung erfolgen müssen.

Schlechtester Fall:

Die Pegel steigen deutlich schneller als die Prognosen. Brücken und Unterführungen werden überflutet, bevor wirksame Maßnahmen greifen können. Fahrzeuge stecken fest, die Bevölkerung ist schlecht informiert und befolgt nur bedingt die Anweisungen, die zu spät kommen. Es entstehen Panik und Hektik in der Öffentlichkeit. Zur Unterstützung werden weitere Sondereinheiten benötigt. Das Problem: Es dauert zwei bis vier Stunden, bis sie in ausreichender Zahl vor Ort sind.

Auf dem Zeitstrahl können wir genau fixieren, wann welche Maßnahmen und welcher Fall wann aktiviert werden muss. Insbesondere beim Worst Case müssen wir frühzeitig agieren und alarmieren. Der Vorlauf der Einheiten, bis sie abfahrbereit sind, ist wichtig.

Doch die Lagebeurteilung ist sensibel. So könnten die Pegel beispielsweise gar nicht den kritischen Wert erreichen, für den man zusätzliche Einheiten alarmiert hat. Setzt man sie in Bewegung, sollten sie auch zum Einsatz kommen. Setzt man sie nicht in Bewegung, weil man abwartet, was die Pegel machen, ist klar, dass man mehrere Stunden beispielsweise nicht genügend Boote vor Ort hat – inklusive der Einsatzkräfte, die man für einen Notfallbetrieb von Schubbooten in überschwemmten Wohngebieten benötigt.

›› Der kritische Punkt besteht darin, das Risiko einzugehen.

Deshalb muss auf dem Zeitstrahl klar festgelegt und entschieden sein, wann welche Maßnahmen ausgelöst werden. Einfach nur Einheiten anfordern, damit sie angefordert sind, macht keinen Sinn. Lange warten, um zu schauen, was vielleicht passiert, ist auch der falsche Weg. In der Mitte liegt die Wahrheit: Jedes Hochwasser ist abhängig von vielen komplexen Zusammenhängen und kann nie eindeutig vorausgesagt werden.

›› Der Schlüssel zum Erfolg ist das strukturierte Abarbeiten durch aktives Monitoring vor der Lage.

Anders gesagt: Strukturiertes, methodisches Abarbeiten erfordert regelmäßige Überwachungszyklen. Zusammen mit einer aktiven Kommunikation nach innen (Einsatzkräfte) und nach außen (Öffentlichkeit) der taktischen Maßnahmen, damit jeder seinen Teil beitragen kann, um präventive Maßnahmen einzuleiten, wenn er es für notwendig erachtet.

Man muss die Maßnahmen entscheiden, bevor der Fall eintritt. Was schwierig genug ist und Kopfzerbrechen auslösen kann. Beginnen Sie nämlich erst dann, Ihre Waschmaschine oder den Kühlschrank im Keller höher zu lagern oder nach oben zu tragen, wenn das Wasser schon da ist, haben Sie fast keine Chance. Beginnen Sie, zwei Stunden, bevor das Wasser kommen könnte, und am Schluss kommt es gar nicht, haben Sie ohne Notwendigkeit viel geschuftet.

Deshalb: Die Notwendigkeit muss zum Zeitpunkt der Entscheidung betrachtet werden. Alle Entscheidungsschritte müssen im Vorfeld gut abgewogen und gemeinsam in der Beratung mit Experten fixiert werden.

Eines muss aber auch klar sein. Wir arbeiten hier gegen Naturgewalten. Es kann nicht alles auf Knopfdruck bestellt werden, wie wir es immer öfter glauben in der heutigen digitalisierten Welt. Deshalb ist es umso wichtiger, dass jeder sich bewusst ist, was bei ihm passieren und eintreten kann, und sich selbstverantwortlich darauf vorbereitet.

ZIELE ☑

- Klare Kommunikation in die Öffentlichkeit mit allen potenziellen Einsatzkräften

- Vor der Lage bleiben und jederzeit agieren statt reagieren

- Strukturierte Vorbereitung möglicher Maßnahmen

- Detailplanung für einzelne Firmen/ Kommunen (= selbstverantwortlich)

Sonderobjekte
Zusammenarbeit Krisenstäbe, Kliniken, Pflegeheime, Kinderbetreuung, Schulen

Raumordnung
Koordination, externe Einheiten, Sondermaterial, Spontanhelferkoordination

Infrastruktur
Energieversorger, Bahn, ÖPNV, Wasserversorgung, Straßenbau, Verkehrsleitung, Polizei

Taktik
Sand, Säcke, mobile Spundwände, Zeitbedarf Materiallieferung, Wasserrettungseinheiten, Grundversorgung 3 T. Überflutung, Klärung Räumung

Bevölkerung
informieren, aufklären, Vorbereitungsmaßnahmen, Zeitkorridor vermitteln

Hochwasser

Pegelentwicklung
HQ100, HQextrem

Einsatzstichwort:
Warnung Dauerregen, Vorwarnung: Hochwasser, Überflutung möglich

Bemerkung:
Unwetterwarnung überraschend
Region: Länge über 100 Kilometer
Breite etwa 70 Kilometer

18.00 Uhr   Mehrere Landkreise   Regen

PROBLEMANALYSE ⊙

Strategisch entscheiden

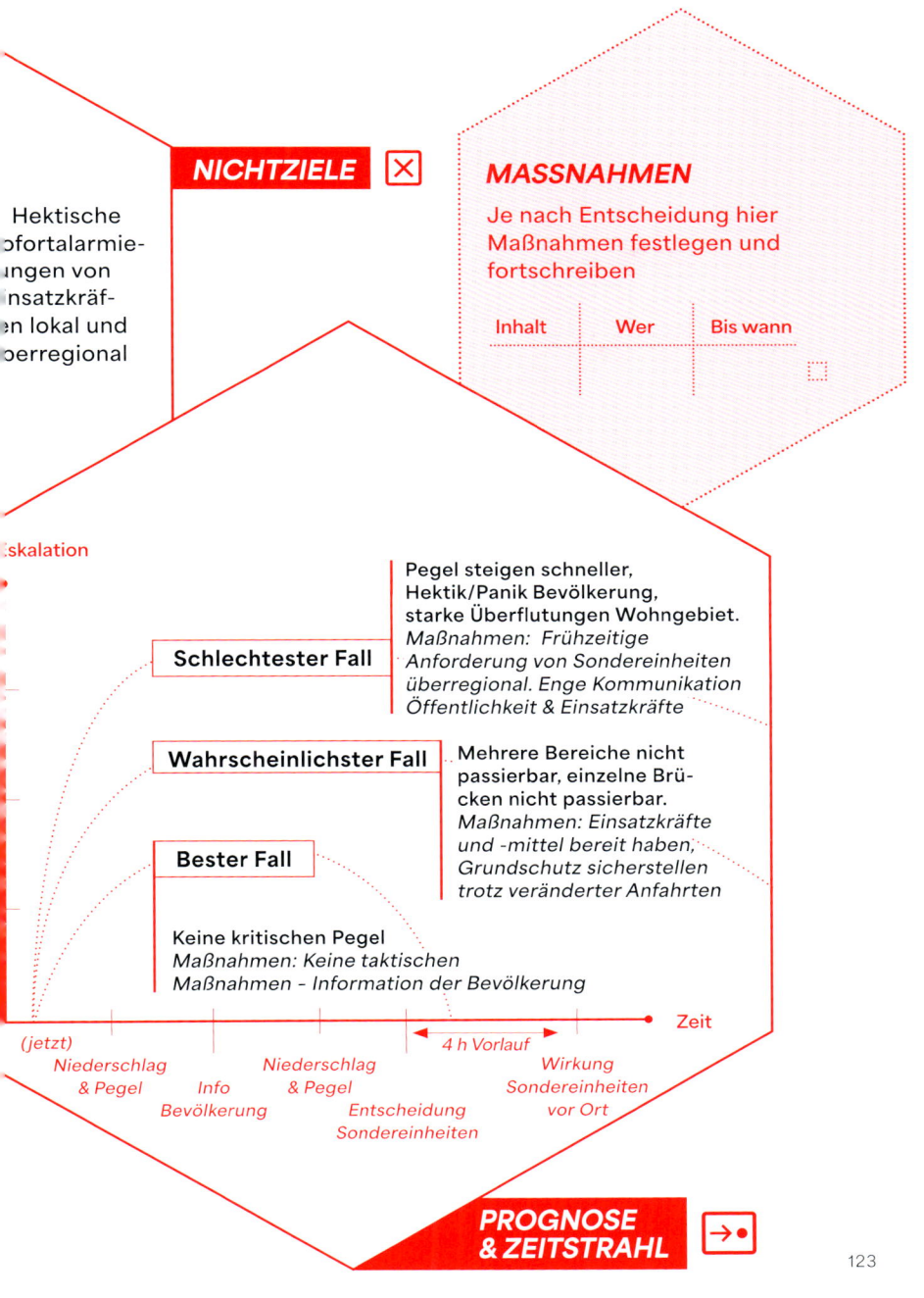

NICHTZIELE ☒

Hektische
Sofortalarmie-
rungen von
Einsatzkräf-
ten lokal und
überregional

MASSNAHMEN

Je nach Entscheidung hier
Maßnahmen festlegen und
fortschreiben

Inhalt	Wer	Bis wann

Eskalation

Schlechtester Fall

Pegel steigen schneller,
Hektik/Panik Bevölkerung,
starke Überflutungen Wohngebiet.
*Maßnahmen: Frühzeitige
Anforderung von Sondereinheiten
überregional. Enge Kommunikation
Öffentlichkeit & Einsatzkräfte*

Wahrscheinlichster Fall

Mehrere Bereiche nicht
passierbar, einzelne Brü-
cken nicht passierbar.
*Maßnahmen: Einsatzkräfte
und -mittel bereit haben,
Grundschutz sicherstellen
trotz veränderter Anfahrten*

Bester Fall

Keine kritischen Pegel
*Maßnahmen: Keine taktischen
Maßnahmen – Information der Bevölkerung*

Zeit

(jetzt)

4 h Vorlauf

*Niederschlag
& Pegel*

*Info
Bevölkerung*

*Niederschlag
& Pegel*

*Entscheidung
Sondereinheiten*

*Wirkung
Sondereinheiten
vor Ort*

**PROGNOSE
& ZEITSTRAHL** →•

Einsatz
Stromausfall

Die Leser und Leserinnen erarbeiten eine Lösung

Jetzt sind Sie dran. Probieren Sie es aus. Der Stromausfall in einem Unternehmen ist ein gutes Beispiel für die Abwägung des Risikos. Also der Abwägung von Eintrittswahrscheinlichkeit x Schadensausmaß. Bereitet man sich im Vorfeld darauf vor, oder vertraut man dem Stromnetz, dass es immer funktioniert? Oder ist man überhaupt nicht abhängig davon und kann seine Produktion auch ohne Strom weiterführen?

Es ist wichtig, sich diese Fragen im Vorfeld zu stellen. Aufgrund der Komplexität und vor allem, was daran hängt, bereiten kluge Firmen ihren Managementprozess entsprechend vor. Dies bedeutet, es werden Schritte aus dem internen Krisenmanagement ausgelöst.

Im optimalen Fall sogar automatisch. Die betroffenen Mitarbeiter oder Führungskräfte wissen genau, was zu tun ist. Ob man das Risiko eingehen möchte, sich nicht vorzubereiten, kann man auch mit der strategischen Entscheidungsmethode erarbeiten. Allein, im Team oder in einer Gruppe als Workshop. Wichtig ist, eine Entscheidung herbeizuführen. Im folgenden Beispiel gehen wir es gemeinsam durch:

Geschäftsführer und Betriebsleiter sitzen in ihrer 14-tägigen Jour-fixe-Besprechung. Plötzlich stürmt der Meister der Produktion in den Raum. Das würde er normalerweise nie tun. Er berichtet von einem kompletten Stromausfall in der Produktionshalle. Es geht nichts mehr. Computer sind tot. Das Telefon funktioniert noch.

Was tun?

Jetzt gilt es, sofort zu handeln und Entscheidungen zu treffen!

ALLGEMEINE LAGE

Ort: Besprechungsraum

Zeit: 10.24 Uhr

Wetter: Leicht bedeckt

Einsatzstichwort: Stromausfall, Produktion Industrieunternehmen

Bemerkung: In der Produktion arbeiten 60 Personen, 14 Personen in der Verwaltung inklusive Geschäftsführung. Sechs Vertriebsmitarbeiter sind bei Kunden unterwegs. Die Auftragslage ist gerade schwach, und Lieferverzögerungen kann man sich momentan nicht erlauben. Die wirtschaftliche Lage des Unternehmens ist angespannt.

» Die Nerven liegen aufgrund der aktuellen Gesamtsituation in der Branche blank.

METHODENWAHL

Geschäftsführer und Betriebsleiter wollen sofort in die Situation einsteigen. Es kann aber durchaus Sinn machen, kurz zu warten und den Kreis auf sechs bis acht Personen zu erweitern. Eine wichtige Sofortmaßnahme an die Mitarbeiter ist die Information, dass die Geschäftsführung sich sofort mit den Verantwortlichen zusammensetzt, um die Situation zu beurteilen.

Die nächste Information an alle Mitarbeiter erfolgt in 20 Minuten. Bis dahin haben alle Mitarbeiter in der Produktion erst einmal Pause. Die Sofortmaßnahme schafft Zeit. Gleichzeitig herrscht Ruhe in der Belegschaft.

So würde jede Feuerwehr arbeiten. Alle Standardszenarien, die regelmäßig vorkommen und hochkritisch sind, sind vorbereitet und durchgeplant. Abläufe und Handwerkszeug sind trainiert und organisiert. So versucht man, den Druck von den Einsatzkräften zu nehmen und wenigstens einigermaßen die kritischen Situationen schnell erfassen und bearbeiten zu können.

Dies gilt auch für jede Organisation. Nur wenn die Abläufe im Alltag trainiert werden, können sie in der Stresssituation funktionieren. Kennen Sie keine abgestimmten Abläufe, fangen Sie jedes Mal bei null an. Kann man machen, kostet aber Energie und Zeit in einer Situation, in der Sie möglicherweise keine Zeit haben, etwas in Ruhe zu planen.

Das ist eine normale Risikoabwägung. Risiko = Eintrittswahrscheinlichkeit x Schadensausmaß. Dies ist und bleibt Ihre persönliche Verantwortung als Person. Dies gilt sowohl für private als auch für berufliche und geschäftliche Szenarien.

» Zurück zu unserem Fallbeispiel. Nehmen Sie sich acht Minuten und gehen Sie den Stromausfall durch: Problemanalyse, Festlegen Ihrer Ziele und Nichtziele sowie Zeitstrahl und Prognose.

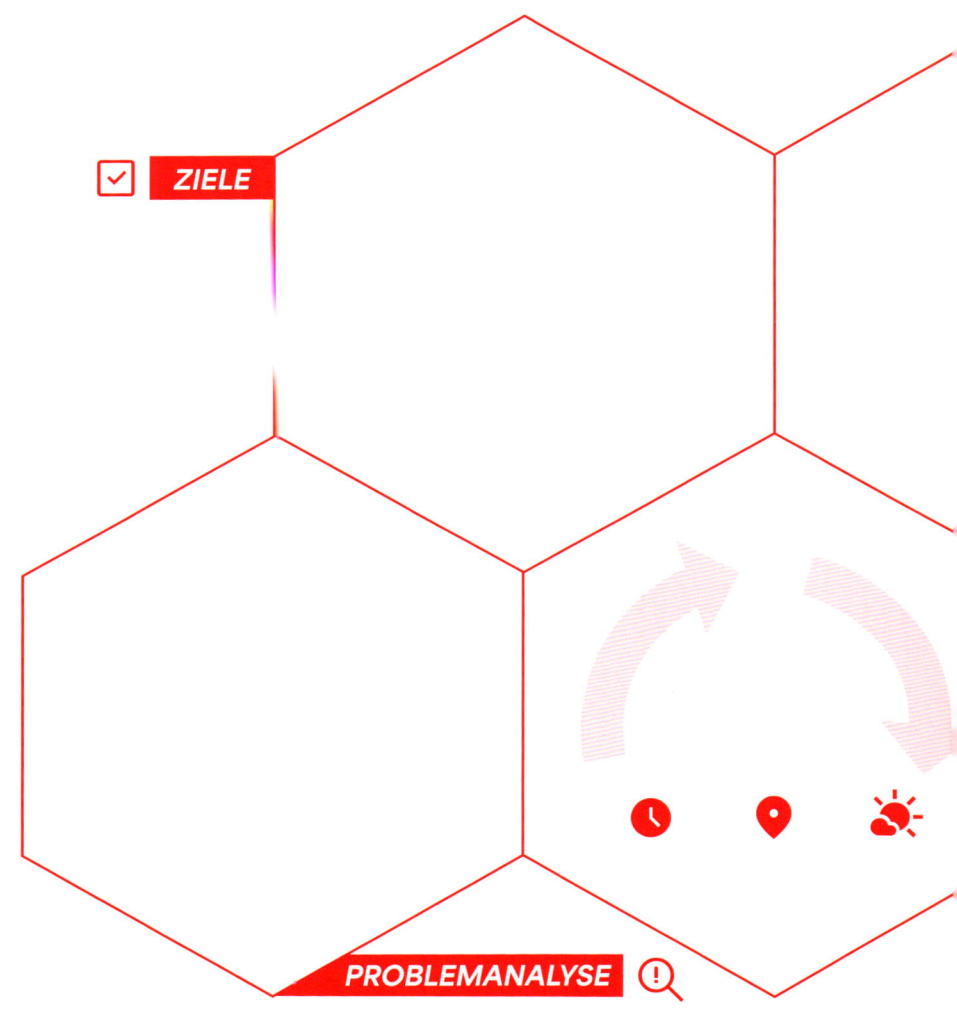

ZIELE

PROBLEMANALYSE

Strategisch entscheiden

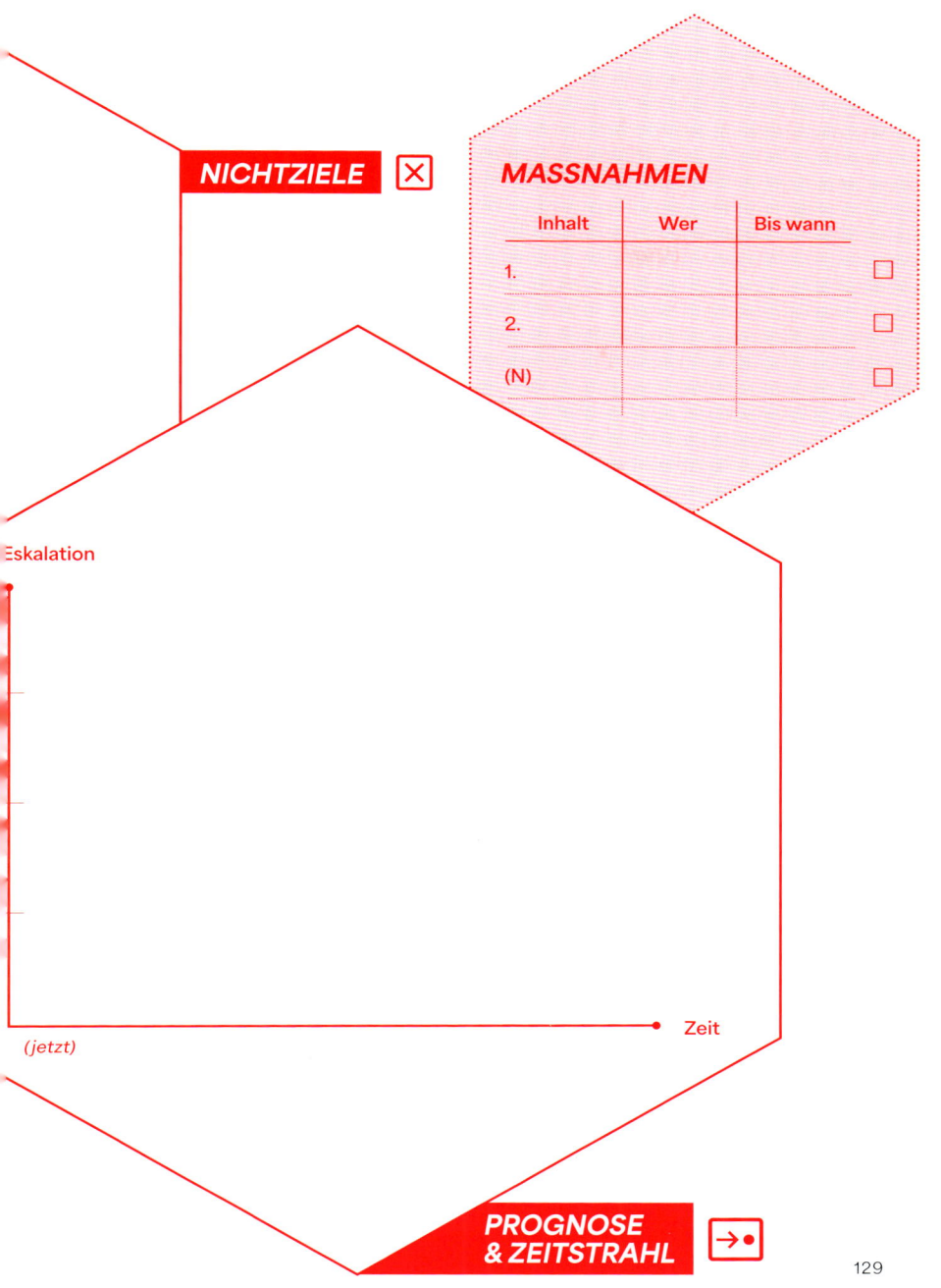

NICHTZIELE ☒

MASSNAHMEN

Inhalt	Wer	Bis wann	
1.			☐
2.			☐
(N)			☐

Eskalation

(jetzt)　　　　　　　　　　　　　　　　Zeit

PROGNOSE & ZEITSTRAHL →•

10

Einsatz im Unternehmen

Strategisch entscheiden im Team oder Was tun, wenn Ressourcen fehlen?

Wir schauen näher hin: Ein Team in einem mittelständischen Unternehmen ist bezüglich seiner Belastbarkeit am Anschlag. Hinzu kommen unerwartete Langzeiterkrankungen. Von oben wird dem Team ein neuer Aufgabenbereich aufs Auge gedrückt. Das muss gelöst werden – mit den bisherigen Ressourcen, es gibt keine weiteren. Das lässt das Budget nicht zu. Stellt sich die Masterfrage: Wie kann die Situation gelöst werden? Auch hier ist die 8-Minuten-Methode für strategisches Entscheiden von Relevanz.

◎ ALLGEMEINE LAGE

Ort: Workshopraum
Zeit: 9.00 Uhr
Wetter: Leichter Nieselregen

Einsatzstichwort: Arbeitsüberlastung

Bemerkung: Das Team umfasst acht Personen. Die gesamte Firma hat 600 Arbeitskräfte. In den letzten Jahren haben die meisten Teammitglieder am Anschlag gearbeitet. Die Folge: Es muss unbedingt etwas passieren, da sonst mit weiteren Langzeitausfällen gerechnet werden muss. Die Teamleitung hat aus ihrer Sicht alle

Maßnahmen ausgeschöpft. Doch gerade jetzt kommen neue Herausforderungen hinzu. Alles soll in den nächsten sechs Wochen erledigt werden.

PROBLEMANALYSE

Die Teamleitung hat sechs Personen aus unterschiedlichen Bereichen des Unternehmens eingeladen. Und noch zwei firmenfremde Personen. Man will zusätzlich deren gesunden Menschenverstand integrieren. Ein weiterer Vorteil: Sie sind weder Freunde noch Fürsprecher der Teamleitung. Einfach neutral und interessiert, wie ein Workshop abläuft.

Da die Entscheidung nicht sofort, sondern strategisch getroffen werden muss, geben sie sich 20 Minuten Zeit für die Problemanalyse. Alle Stichworte werden auf einem Flipchart visualisiert.

Nach acht Minuten ist das Flipchart so gut wie vollgeschrieben. Nur noch wenige Details werden ergänzt. Nach zwölf Minuten sind sich alle einig, dass keine wesentlichen Punkte mehr hinzukommen werden. Sie sind acht Minuten vor der Zeit fertig. Jetzt geben sie sich vier Minuten, um die kritischen Punkte zu identifizieren, welche die Lage im Team zum Eskalieren führen würden. Erste Knackpunkte werden identifiziert: Wer ist außerhalb des Teams involviert? Wie hoch ist der Gesamtaufwand (Zeit, Ressourcen, Ablauf)?

Wenn die Knackpunkte markiert sind, zum Beispiel durch rote Punkte oder rote Magnete, geht es in den nächsten Arbeitsschritt: die Zielsetzung und die Nichtzielsetzung.

» Und jetzt acht Minuten strategisches Entscheiden vom Feinsten:

 ZIELE

Im vorliegenden Fall gibt sich das Team vier Minuten für die Ziele:

Klare Rollen und Struktur

Wenn jeder weiß, was seine Rolle ist und in welchem Zusammenhang sie mit anderen Rollen steht, weiß er oder sie genau, bis wohin er/sie arbeiten muss und bis wohin andere arbeiten müssen. Dadurch reduziert sich der zeitfressende Abstimmungsbedarf erheblich. Enorme Ressourcen werden freigesetzt. In einer komplexen und schnellen Welt ist das eine echte Herausforderung. Denn der schnelle Informationsaustausch wird so übertrieben, dass viele Menschen nur noch E-Mails, Messenger oder andere Informationsquellen lesen, anstatt ihre Expertise in die eigentliche Arbeit zu stecken. Hätten die Feuerwehrmänner und -frauen keine klaren Rollen und Aufgaben, würden sie im Einsatz mit genau der gleichen Überforderung konfrontiert.

Klare Prioritäten

Auch wenn vieles wichtig ist, ist nicht alles wichtig und dringend. Daher ist es unabdingbar, Prioritäten zu setzen. Ein bis zwei, maximal drei Prioritäten. Alles andere wäre nicht ehrlich zu sich selbst oder dem Team gegenüber. Weniger ist mehr – fokussieren mit klarer Ausrichtung auf ein bis zwei Themen verspricht den höchsten Erfolgsfall. Andere Dinge werden deshalb untergeordnet und entsprechend nachrangig behandelt. Dies bedeutet nicht, dass sie vergessen werden! Sie werden nur in zweiter Reihe bearbeitet.

Im Team leistbar

Jedes Team hat seine Leistungsgrenzen. Ob ein Team seine schon erreicht hat, zeigt sich immer in der Prüfung, ob Rollen, Struktur und Prioritäten mit der Vision des Teams übereinstimmen und klar geregelt sind. Ist dem nicht der Fall, kann das Team seinen Zenit nicht erreichen. Merke: Auf dem Zenit haben alle Spaß und Freude, im Team zu arbeiten. Durch Rollenklarheit und Priorisierung ist jedem klar, was aktuell zu tun und was der nächste Schritt ist. Die Teamleistung steigert sich exponentiell. Immer wieder wachsen dadurch Teams über sich hinaus und erreichen ein ungeahntes Level. Volle Pulle, ganz gemütlich – auch hier wieder.

» Weitere vier Minuten werden für die Definition der Nichtziele veranschlagt.

☒ NICHTZIELE

Die größte Herausforderung besteht immer im Festlegen von dem, was man nicht will. Besser ausgedrückt: von dem, was vielleicht wichtig ist, aber jetzt außerhalb des Fokus liegt. Dennoch gilt es, keine Zeit zu verlieren, sondern zu entscheiden.

Der Gruppe fällt es sehr schwer, die Nichtziele festzulegen. Im Normalfall sprechen wir eher über Ziele und über das, was wir wollen, und nicht darüber, was wir nicht wollen. Die größten Stressoren stecken hier, und die meisten Ressourcen werden freigesetzt durch die Nichtziele. Dort steht alles, um was man sich in der aktuellen Phase auf keinen Fall kümmern wird. Man muss sich eingestehen, sich um etwas nicht zu kümmern. Damit setzt man echte

Leitplanken und entlastet das Team. Hier werden, wie gesagt, meist die größten Ressourcengewinne erzielt.

» Merke: Nichtziele sind den Zielen mindestens ebenbürtig.

Jedes Teammitglied weiß später, worauf man sich konzentriert, und vor allem, auf welcher Basis entschieden wird. Viele Entscheidungen können die Mitarbeiterinnen und Mitarbeiter dadurch selbst treffen und müssen keine Rücksprache halten. Weder im Team noch mit der Teamleitung. Es entsteht keine Zeitverzögerung. Von der Motivation durch selbstständiges Arbeiten ganz zu schweigen.

Folgende Nichtziele werden definiert:

Nicht alles auf einmal erledigen!
Klare Aufgaben sind in Schritte eingeteilt. In überschaubarer Größenordnung geht man voran. Ansonsten schiebt man einen Berg vor sich her. Wer ständig in diesem Modus arbeitet, erledigt deutlich weniger und hat nicht das Gefühl, erfolgreich zu sein. Das vermindert die Motivation.

Aufgaben hinten herunterfallen lassen
Aufgaben priorisieren zeigt vor allem, dass es auch andere, nicht so entscheidende Aufgaben gibt. Diese müssen sauber hintangestellt werden. Damit ist jedem klar, was zuerst und in weiterer Reihenfolge bearbeitet wird.

Fachdiskussionen

Es ist gut und wichtig, gemeinsam zu diskutieren. Die notwendige Detailtiefe und -abwägung müssen vorher definiert sein, dann erst wird der Prozess der Arbeitsschritte durchgezogen. Jeden Tag aufs Neue die gleiche Thematik zu diskutieren, frisst jedoch enorme Ressourcen im Team und bremst die Arbeit aus.

Wer sich diese drei Punkte genauer ansieht, erkennt die Spielregeln, die ab sofort oder ab der nächsten Teambesprechung Einzug halten werden. Alle Argumente und Arbeitsschritte sollen in Zukunft transparent dargestellt werden.

» Entscheidungen werden von allen mitgetragen.

ZEITSTRAHL UND PROGNOSE

Jetzt gilt es, sich mit einer einfachen Visualisierung bewusst zu machen, was bis wann passieren kann. Der Zeitstrahl hilft enorm und lässt den Groschen fallen. Die Gruppe gibt sich dafür acht Minuten Zeit.

Übrigens: Problemdefinition und Zeitstrahl können sich auf beliebig lange Zeiträume beziehen. Ob auf mehrere Stunden, Tage, Wochen, ob auf eine ganze Jahresplanung oder eine strategische Planung über drei bis fünf Jahre.

Wichtig: Zuerst den aktuellen Ist-Zeitpunkt fixieren (mit einem grünen Pfeil, einem Magneten oder einer Nadel). Dann zeitliche Knackpunkte rot auf dem Zeitstrahl markieren. Wie zum Beispiel die unverrückbare Abgabefrist eines Arbeitspapers. Die Gruppe in unserem Beispiel zieht den Zeitstrahl nach rechts. Ganz links ist der Start markiert, und der erste rote Punkt definiert die Abgabefrist in zwölf Wochen! Ein zweiter roter Punkt markiert die nächste große Teambesprechung in vier Wochen.

Bis dahin muss die Gesamtstrategie inklusive Arbeitsabläufe und Aufgabenverteilung stehen, damit sie einheitlich vom Team freigegeben beziehungsweise dem Team übergeben werden kann. Jetzt ist klar, dass in den nächsten vier Wochen der Fokus auf Teamorganisation und Aufgabenplanung liegt.

Wir wissen bereits Bescheid: Um noch mehr Sicherheit in der Entscheidungsfindung zu gewinnen, gilt es, den besten, den wahrscheinlichsten und den schlechtesten Fall festzulegen. Dies wird auf dem Zeitstrahl (im Bereich der vier Wochen) mit Kästchen festgelegt, in denen mit dünnem Stift die jeweils zwei bis drei Maßnahmen verzeichnet werden.

Bester Fall:

Ein besonders motivierter Kollege aus dem Team übernimmt freiwillig das Aufgabenpaket. Es werden möglicherweise Überstunden anfallen. Schließlich brauchen die Alltagsaufgaben auch ihre Zeit. Ein bis zwei Kollegen sollen ihn bei diesen Alltagsaufgaben unterstützen. Die Überstunden würde er gerne an einem Stück abfeiern und sich so einen großen Herbsturlaub ermöglichen. Auswirkungen auf den Alltagsbetrieb hätte das keine. Das hat er mit den beiden Kollegen, die ihn unterstützen würden, schon geklärt. Damit bestünde das Kernproblem darin, in zwölf Wochen das Arbeitsergebnis zu liefern.

Wahrscheinlichster Fall:

Es muss ein Gremium aus drei bis vier Mitarbeitern geschaffen werden, ein Gremium, das Prozessanalyse, Abläufe und Rollen analysiert und definiert. Nur mit klarer Rollen- und Aufgabenverteilung kann höchste Effektivität erreicht werden. So werden Ressourcen im Team geschaffen, und das Aufgabenpaket kann erledigt werden.

Schlechtester Fall:

In den kommenden vier Wochen kann keine Rollenklarheit und Aufgabenanalyse erreicht werden. In der nächsten Teambesprechung muss die Teamleitung unabgestimmt mit den Mitarbeitern top-down die Arbeitseinteilung befehlen, wer was bis wann zu tun hat. Das Team kann nicht mitgenommen werden. Damit wird auch keine Lösung aus dem Team erfolgen, und die Belastung geht genauso weiter wie bisher. Die Folgen im und für das Team sind nicht absehbar. Es muss damit gerechnet werden, direkt nach der Mitteilung der Arbeitsaufträge die nächsten Krankmeldungen zu erhalten.

Es ist klar, dass eine Führungskraft auch Entscheidungen treffen und kritische Themen kommunizieren muss. Die beste Leistung aus einem Team wird sie jedoch nur erhalten durch eine enge und gute Kommunikation im Team, Transparenz sowie vor allem Einzelgespräche mit den Mitarbeitern. Diese müssen klar und ehrlich sein mit konkreter roter Linie. Persönliche Ziele der einzelnen Mitarbeitenden sollten gemeinsam handschriftlich fixiert werden. Dadurch sehen Teamleitung und Mitarbeitende jeweils den persönlichen Fortschritt, wenn in geringen Wochenabständen der nächste Check der persönlichen Ziele ansteht. Das ist der Alltag einer Führungskraft.

Hier sind wir in einem besonderen Problemszenario und dem schlechtesten Fall. Also dem Worst Case, der unbedingt verhindert werden muss.

Das ist im Feuerwehreinsatz nichts anderes. Nur wenn eine gute, kompakte Lageeinweisung erfolgt, weiß jeder, warum was gemacht werden muss. Zudem ist klar, welche Risiken und Gefahren bestehen. Gleichzeitig kann jeder mit seinen individuellen Fähigkeiten mitdenken, mithelfen und Ideen einbringen. Ganz wichtig auch bei Gefahrenhinweisen, die für alle überlebensnotwendig sein können. Das gilt im Einsatz für alle Szenarien, egal ob es brennt, technische Hilfe geleistet, Gefahrstoffe aufgefangen und die betreffende Leckage gestoppt werden müssen.

Zurück zum zeitlichen methodischen Ablauf: Die Gruppe steht jetzt bei sechs Minuten und hat dadurch mehr Zeit als geplant zur Verfügung. Es ist klar, was zu tun ist und was passieren muss, damit die Zusatzbelastung leistbar und erfolgreich umgesetzt werden kann. Jedem ist klar, dass der schlechteste Fall unbedingt vermieden werden muss!

Mit der Prognose kann offen in die Teamkommunikation gegangen werden. Die Skizzen werden als Fotoprotokoll versendet, da das Team an mehreren Standorten tätig ist.

Tritt der beste Fall ein, hat man die einfachste Lösung.Tritt der wahrscheinlichste Fall ein, hat man die wahrscheinlichste Lösung. Nicht mehr, nicht weniger. Es liegt aber auf der Hand, was getan werden muss, damit entschieden wird und erfolgreich und lösungsorientiert gearbeitet werden kann.

» Der gesamte Zeitansatz beträgt 28 Minuten. Innerhalb einer halben Stunde ist in diesem Fall die komplette Strategie visualisiert und abgestimmt, und jedem ist klar, wo die Reise hingehen muss.

Die Flipcharts können in einem Besprechungsraum oder auf Pinnwänden aufgezogen werden. Sie dienen als praktisches Projektcockpit. Natürlich kann man den ganzen Prozess auch digital durchspielen. Funktioniert genauso. Wie immer besteht der feine Unterschied zwischen digitalem und analogem Arbeiten in der Präsenz und dem menschlichen Austausch vor Ort.

Mit dem Projektcockpit haben Sie die große Chance, den Prozess auch längerfristig über Wochen und Monate visualisiert und leicht verständlich zu begleiten und zu dokumentieren. Gleichzeitig sieht jeder den Erfolg, den man erreicht. Die Zeitachse läuft weiter, und die Priorisierungen bleiben stehen oder verändern sich von Zeit zu Zeit. Die Anpassung sollte in übersichtlichen Zeitabständen erfolgen. Nicht zu schnell, aber natürlich auch nicht zu langsam.

Das kommt ganz auf die Situation und Dynamik an. Wenn beispielsweise eine höchste Priorität geschafft ist, darf auch gefeiert werden. Erfolg muss gefeiert werden! Das kommt oft viel zu kurz.

Auch dadurch wächst ein Team zusammen und steigert sich selbst. Sie ermöglichen mit klaren Rollen und Funktionen eine Teamentwicklung, die sich zuvor kaum jemand vorstellen konnte. Vor allem, was Leistungsfähigkeit, Spaß und Freude an der Arbeit angeht. Durch die Anwendung des Werkzeugs werden die Arbeitsberge sinnvoll zerlegt und eine klare Priorisierung sowohl in das

Team als auch nach oben festgelegt. Damit wird Frustration und längerfristigen Krankmeldungen vorgebeugt.

Sie müssen sich trauen, den ersten Schritt zu machen und dann gemeinsam Schritt für Schritt zu lernen!

» Legen Sie los und trauen Sie sich. Es lohnt sich.

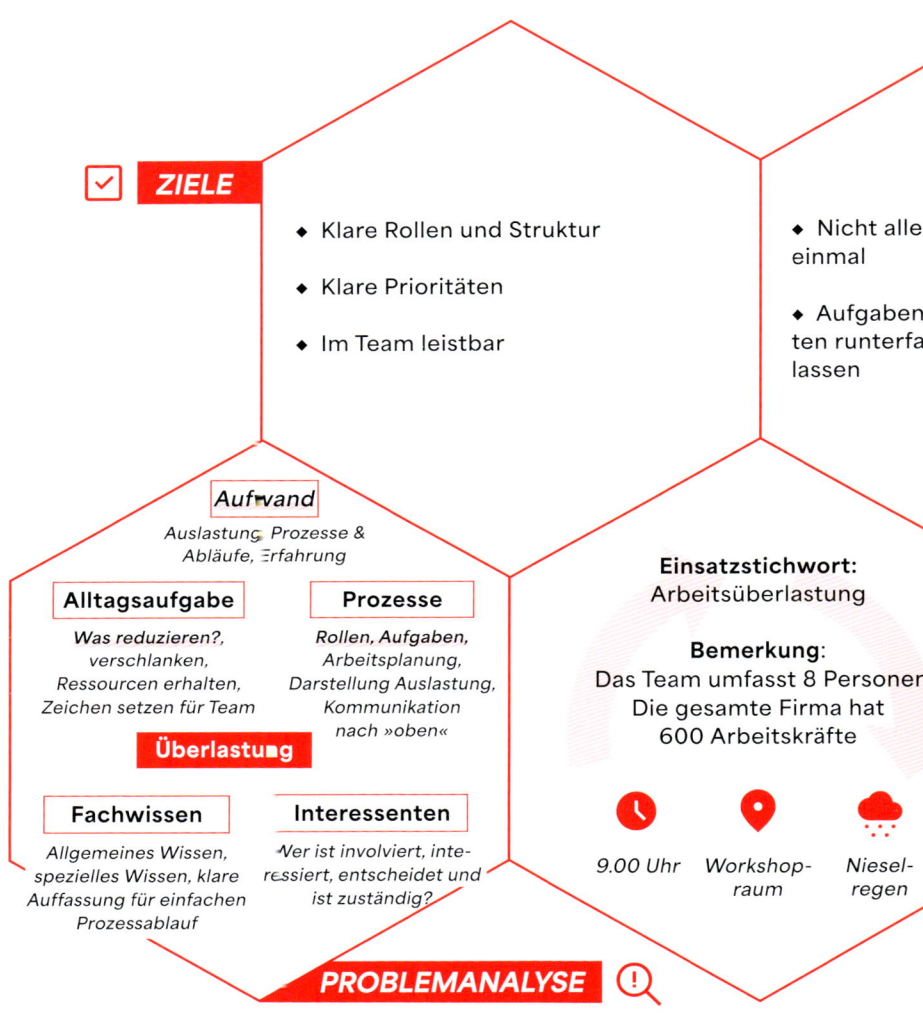

ZIELE

- ◆ Klare Rollen und Struktur
- ◆ Klare Prioritäten
- ◆ Im Team leistbar

- ◆ Nicht alles einmal
- ◆ Aufgaben ten runterfal lassen

Aufwand
Auslastung, Prozesse & Abläufe, Erfahrung

Alltagsaufgabe
Was reduzieren?, verschlanken, Ressourcen erhalten, Zeichen setzen für Team

Prozesse
Rollen, Aufgaben, Arbeitsplanung, Darstellung Auslastung, Kommunikation nach »oben«

Überlastung

Fachwissen
Allgemeines Wissen, spezielles Wissen, klare Auffassung für einfachen Prozessablauf

Interessenten
Wer ist involviert, interessiert, entscheidet und ist zuständig?

Einsatzstichwort:
Arbeitsüberlastung

Bemerkung:
Das Team umfasst 8 Personen
Die gesamte Firma hat
600 Arbeitskräfte

9.00 Uhr — Workshop-raum — Niesel-regen

PROBLEMANALYSE

Strategisch entscheiden

◦ Fachdis-
kussionen

MASSNAHMEN

Je nach Entscheidung hier
Maßnahmen festlegen und
fortschreiben

Inhalt	Wer	Bis wann

Eskalation

Schlechtester Fall

Keine Rollenklarheit und Abläufe
werden erarbeitet
*Maßnahmen: Arbeitseinteilung
muss »von oben« befohlen werden.
Sofortige weitere Krankmeldungen
sind zu erwarten*

Wahrscheinlichster Fall

3-4 Mitarbeitende müs-
sen sich Gesamtsituation
anschauen und Prozess entwickeln innerhalb 4 Wochen
*Maßnahmen: Klare Rollen
und Abläufe aufstellen*

Bester Fall

Eine Arbeitskraft übernimmt
freiwillig Überstunden
*Maßnahmen: Keine weiteren
Maßnahmen – Herbsturlaub einplanen*

Zeit

(jetzt)

*Abfrage
Team*

*#1
Workshop*

*#2
Arbeitstreffen*

*#3
Ergebnis
fixieren*

Teambesprechung

**PROGNOSE
& ZEITSTRAHL** →•

11

Einsatz im Unternehmen

Strategisch entscheiden oder Was tun, wenn eine bewährte Partnerschaft ins Schlingern gerät?

Ein Logistikdienstleister löst bei einem Sportartikelhändler zunehmend Ärger aus. Die Produkte kommen teilweise viel zu spät beim Kunden an, Kommunikation und Reklamationsbearbeitung sind ungenügend. Der Händler muss entscheiden, wie er weitermachen will. Es ist Anfang des Jahres, und zum 30. Juni muss der laufende Vertrag entweder gekündigt werden, oder mit neuen Partnern müssen bis zum 1. September Verträge abgeschlossen sein. Ansonsten verliert man das komplette Weihnachtsgeschäft, das einen Großteil des Umsatzes ausmacht.

⊙ ALLGEMEINE LAGE

Ort: Büro

Zeit: 14.00 Uhr

Wetter: Leicht bewölkt

Einsatzstichwort: Logistikdienstleister performt nicht

Bemerkung: Der Händler ist essenziell von seiner Logistik abhängig. Der Dienstleister muss deshalb sicherstellen, dass die Logistik reibungslos funktioniert. Ansonsten kommen die Produkte nicht zum Kunden, und der Kunde wird unzufrieden. Gleichzeitig sind keine großen Lagerkapazitäten vorhanden, die für eine gute Zusammenarbeit mit einem Logistikpartner erforderlich wären. Wie kann die Performance wieder erfolgreich werden?

PROBLEMANALYSE

Bei der Problemanalyse stellen sich drei Schwerpunkte heraus: Erstens der Logistiker, zweitens die Tür-zu-Tür-Lieferung sowie drittens das Beschwerdemanagement.

Der Logistiker hat in seiner gesamten Lieferkette zu hohe Fehlerraten. Viele Pakete kommen gar nicht an. Ob sie gestohlen oder nicht abgegeben wurden, kann nicht nachvollzogen werden. Die Übergaben sind unzuverlässig. Verpackungsschäden und daraus resultierende Beschwerden werden zu langsam und teilweise gar nicht beantwortet. Als Begründung wird nicht selten die Verkehrssituation angeführt.

Die unterschiedlichen Zielgruppen und Altersklassen der Kundschaft haben verschiedene Anforderungen, wenn es um Beschwerden und Kundenkontakt geht. Der Händler hat keinen Kundenkontakt, sondern lässt diesen über seinen Logistikpartner abwickeln. Daher ist man stark abhängig von der Performance des Logistikpartners.

Folgende Knackpunkte werden erkannt: Tür-zu-Tür-Lieferung und Tracking. Würde man diese beiden Punkte lösen können, würden die Beschwerden auf ein Minimum reduziert werden. Damit wären die vielen anderen Symptome im Keim erstickt. Die Knackpunkte und damit Ursachen werden bei der Problemanalyse wieder mit einem roten Punkt markiert.

Im Anschluss erfolgt die Festlegung der Ziele und vor allem der Nichtziele.

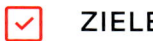 ZIELE

Lückenlose Lieferkette sicherstellen

Eigentlich stehen nicht die Produkte in der Kritik, sondern deren fehlerhafte Lieferung. Das reicht bis zum letzten Schritt an der Haustüre. Hinzu kommen Diebstahl sowie die ungenügende Zuverlässigkeit des Logistikdienstleisters. Oberstes Ziel: Alle Pakete kommen beim Kunden an. Ansonsten lohnt sich der Aufwand von Produktentwicklung, Produktion und Versand in keinster Weise.

Schnelle Rückmeldung an den Kunden

Wenn sich im Problemfall ein Kunde äußert, muss dies unbedingt wertgeschätzt werden. Doch Achtung: Oft wird sich der Kunde gar nicht mehr melden, sondern einfach zu einem Konkurrenten gehen und dort bestellen. Deshalb muss die schnelle Rückmeldung an den Kunden sichergestellt werden. Ansonsten verliert man Marktanteile, ohne es zu merken.

⊠ NICHTZIELE

Transportwege analysieren/diskutieren

Die Wege des Transports sind nicht das Problem. Knackpunkt ist, dass die Pakete nicht beim Besteller ankommen. Deshalb ist ein klares Nichtziel, dass sich um die allgemeinen Transportwege gekümmert wird. Der Fokus muss auf den Zielen liegen, die oben definiert wurden. Der Experte für Transportwege ist der Logistik-dienstleister selbst. Sich hier als Laie hineinzudenken und dann mit den Profis zu diskutieren ist müßig und verschleißt dringend benötigte Ressourcen für das Kernproblem. Das erreicht man durch den Fokus auf die festgelegten Ziele!

Lösung an den Kunden bei der ersten Rückmeldung (ganzheitliche Lösung wird angestrebt)

Kundenbeschwerden werden schnell beantwortet. Es wird nicht sofort und direkt direkt mit einer Lösung geantwortet. Das liegt nicht im Erwartungshorizont des Kunden bei der ersten Kontaktaufnahme. Daher wird mit diesem Nichtziel der Druck von den Mitarbeitern genommen. Alternativstrategie: Anfragen sammeln, auswerten, analysieren und ganzheitliche Lösungen für den langfristigen Erfolg schaffen.

Tür-zu-Tür-Lieferung

Der Gesamtprozess der Tür-zu-Tür-Lieferung wird nicht betrachtet, da der Logistikdienstleister der eigentliche Experte ist. Auch das ist ein komplexes Thema, wofür es spezielle Experten gibt. Man könnte sehr viel Zeit verplempern, ohne einen Nutzen ziehen zu können. In der heutigen Zeit ist es Grundvoraussetzung, dass ein Paket zuverlässig an die Tür kommt und ausgeliefert wird.

ZEITSTRAHL UND PROGNOSE

Der Zeitstrahl, der im Januar beginnt, wird bis zum übernächsten Sommer aufgezogen, um langfristig zu entscheiden. Die kritischen Punkte sind jeweils der 30. Juni aufgrund der notwendigen möglichen Kündigung des laufenden Vertrages mit dem Logistikdienstleister. Und jeweils der 1. September aufgrund der möglichen Beauftragung eines neuen Partners oder des alten Partners mit neuen Konditionen. Neben diesen rein zeitlichen Aspekten gilt es wie immer, unsere drei Fälle zu definieren.

Bester Fall:
Problemlos kann ein neuer Logistikpartner gefunden werden, der alle Anforderungen erfüllt, auf dem Markt sehr gute Rückmeldungen seiner Kunden hat und problemlos die Anforderungen zu gleichen Konditionen selbstständig umsetzen kann.

Wahrscheinlichster Fall:
Mit dem bestehenden Partner muss aktiv gearbeitet werden, die bestehende Situation optimiert und ein engeres Controlling durchgeführt werden. Die Kommunikation muss verbessert und engere Rücksprachen durchgeführt werden.

Schlechtester Fall:
Man muss die Logistik ohne eigene Logistikerfahrung selbst aufbauen. Parallel findet man keinen externen Logistikpartner und steht mit dem Rücken zur Wand. Noch dazu vor dem beginnenden Weihnachtsgeschäft. Ein absoluter Überlebenskampf des Unternehmens würde einsetzen, die Arbeitsplätze stehen auf dem Spiel!

» Auf dem Zeitstrahl können Sie sich klar entscheiden, welche Vor- und Nachteile welche Variante hat. Welches Risiko möchten Sie eingehen? Durch die Visualisierung der drei Fälle fällt es leicht, welchen Schritt man gehen möchte.

Gleichzeitig kann die Prognose fortgesetzt werden. Aufgrund des umkämpften Marktes in der Logistikbranche möchten Sie verhindern dass der schlechteste Fall eintritt und Sie ohne Vorkenntnisse, Logistikexperten, Budget und Personal ein eigenes Logistiksystem aufbauen müssen. Das würde das Unternehmen bei Komplettausfall in Insolvenzgefahr bringen.

Eindeutig ein zu hohes Risiko zum aktuellen Zeitpunkt. Daher entscheiden Sie sich für den wahrscheinlichsten Fall und versuchen, mit dem derzeitigen Logistiker durch eine gezieltere Kommunikation sowie klare, eng getaktete Ab- und Rücksprachen die Qualität und Performance auf das Niveau zu bekommen, das Sie anstreben. Der Zeitstrahl zeigt Ihnen, wo Sie Ihre Schwerpunkte setzen müssen, damit der kritische Faktor Logistik funktioniert und Ihre Produkte erfolgreich beim Kunden ankommen und für hohe Kundenzufriedenheit sorgen. Zudem nehmen Sie den Druck und Stress von Ihren Mitarbeitern, dass jede Beschwerde sofort zur Zufriedenheit des Kunden abgearbeitet werden muss. Das setzt auch hier wieder enorme Ressourcen frei, die bislang durch negative Energie und Frust verschlissen wurden.

In den nächsten Kapiteln erzählt Ihnen mein Freund Dominik Klein, wie Sofortentscheiden und die 8-Minuten-Entscheidungsmethode auch sein Leben begleitet haben. Dass im Handball der Teamgedanke zentral ist, liegt auf der Hand. Aber Dominiks Leitsatz: »Immer zum besser Positionierten spielen« ist in der Feuerwehrwelt auch gültig.

» Wir alle verlassen uns auf unsere Kollegen und Kolleginnen, wenn sie gerade den besseren Einblick in Analyse, Ziel, Nichtziele und Prognose haben.

Strategisch entscheiden

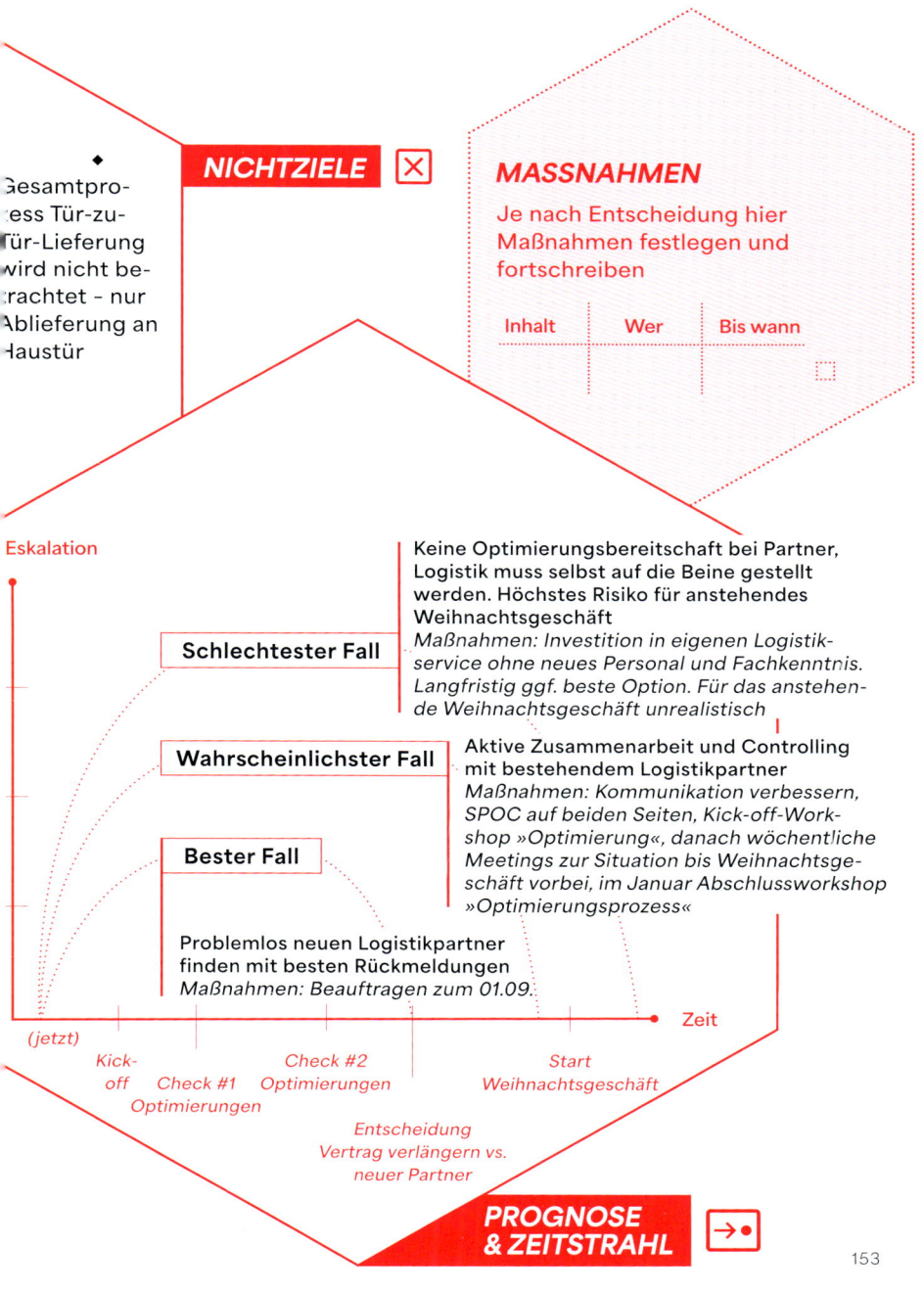

Gesamtprozess Tür-zu-Tür-Lieferung wird nicht betrachtet – nur Ablieferung an Haustür

NICHTZIELE ⊠

MASSNAHMEN

Je nach Entscheidung hier Maßnahmen festlegen und fortschreiben

Inhalt	Wer	Bis wann

Eskalation

Schlechtester Fall

Keine Optimierungsbereitschaft bei Partner, Logistik muss selbst auf die Beine gestellt werden. Höchstes Risiko für anstehendes Weihnachtsgeschäft
Maßnahmen: Investition in eigenen Logistikservice ohne neues Personal und Fachkenntnis. Langfristig ggf. beste Option. Für das anstehende Weihnachtsgeschäft unrealistisch

Wahrscheinlichster Fall

Aktive Zusammenarbeit und Controlling mit bestehendem Logistikpartner
Maßnahmen: Kommunikation verbessern, SPOC auf beiden Seiten, Kick-off-Workshop »Optimierung«, danach wöchentliche Meetings zur Situation bis Weihnachtsgeschäft vorbei, im Januar Abschlussworkshop »Optimierungsprozess«

Bester Fall

Problemlos neuen Logistikpartner finden mit besten Rückmeldungen
Maßnahmen: Beauftragen zum 01.09.

Zeit

(jetzt)

Kick-off

Check #1
Optimierungen

Check #2
Optimierungen

Entscheidung
Vertrag verlängern vs.
neuer Partner

Start
Weihnachtsgeschäft

PROGNOSE & ZEITSTRAHL →•

12

Sport: Unerwartet Entscheiden

Eine biografische Entscheidungsskizze

von Dominik Klein

EIN HANDBALLSPIEL IST DIE ABFOLGE SCHNELLER ENTSCHEIDUNGEN UNTER HOHEM DRUCK - ENTSCHEIDEND FÜR DEN ERFOLG IST JEDOCH, DAS UNERWARTETE ZU TUN

Als ich Feri das erste Mal traf, gab er mir die Hand, schaute mir in die Augen und fragte: »Welche Schuhgröße hast du?«

Wie bitte? Du triffst jemanden zum ersten Mal, und der fragt nach deiner Schuhgröße?

»Sechsundvierzigeinhalb«, sagte ich.

Feri nickte: »Hast große Hände, hast große Füße, du wächst noch, ich trainiere dich!«

Damit war alles gesagt.

Feri hieß mit richtigem Namen Frantisek Fabian, kam aus Ungarn, hatte slowakische Wurzeln und war Doktor der Mathematik. Handball hatte er selbst nie gespielt – und doch wurde er einer meiner wichtigsten Wegbereiter in diesem Sport.

Feri kam 1998 zum TUSPO Obernburg, da war ich in der C-Jugend. Er sollte die Herrenmannschaft trainieren und auch die jüngeren Jahrgänge langsam heranführen. Der TUSPO spielte damals Regionalliga, hatte aber den Aufstieg in die Zweite Liga fest im Visier. Feri hatte zuvor unter anderem die slowakische Frauennationalmannschaft trainiert, und vor allem war er davon besessen, seinen Spielern immer wieder Neues zu vermitteln. Keine Trainingseinheit war wie die andere, immer wieder neue Übungen. Kein

stupides Einwerfen, kein monotoner Drill. Wenn du nur ein biss-
chen wissbegierig warst, hast du von Feri maximal profitiert. Ob als
C-Jugendlicher, als B-Jugendlicher, später beim Sprung in die
Herrenmannschaft – Feri war prägend und wegbereitend.

Nun war es nicht so, dass Handball für mich neu wäre. Tatsächlich war ich komplett vom Handball absorbiert. Mein Vater war
Abteilungsleiter bei der TUSPO, hatte selbst früher Handball gespielt, meine Mama hat mich bei den Minis trainiert, als ich sechs
Jahre alt war, und mein sechs Jahre älterer Bruder Marcel Klein galt
als Riesentalent, spielte in der Regionalliga-Mannschaft. Marcel
wurde auch in Auswahlmannschaften berufen, Bezirksauswahl,
Landesauswahl. Später hat er auch »den Adler« getragen! Jugendnationalmannschaft! Und ich war sein Bruder! Der Bruder des Ju-
gendnationalspielers! Der »kleine Klein« oder auch der »Mini-Klein«.
Und dann gab es noch meine kleine Schwester Christin, die auch
Handball spielte.

» Do Pice! Was du machst mit Ball?!?«

Das Thema bei uns zu Hause war also gesetzt: Handball, Handball
und noch mal Handball. Wir haben zwei Straßen von der Halle in
Obernburg gewohnt, und eigentlich war die Familie ständig in der
Halle, selbst spielend oder zuschauend, man ist einfach immer dort
gewesen. Ich hatte damals eine Trommel und trommelte während
des ganzen Spiels. Handball war ja schon immer ein Sport der
kleineren Städte: Großwallstadt, Gummersbach, Wallau-Massenheim – und da gehörte es dazu, dabei zu sein, Bescheid zu wissen, dazuzugehören. Das entsprach dem Selbstverständnis der

Handballhochburgen. Oder anders gesagt: Man kommt in diesen Städten nicht am Handball vorbei, und ich sowieso nicht bei dieser Verwandtschaft. Und bei uns gab es ja noch einen Ungarn mit slowakischen Wurzeln, der an der Seite stand und brüllte: »Do pice!!! Was du machst mit Ball?!?«

Jedenfalls war es für mich ein Glücksfall, dass Feri etwas in mir gesehen hatte, was ich mir vielleicht erträumt, aber damals noch nicht gesehen hatte.

Feri war ein akribischer Arbeiter. Er hat sich ständig Notizen gemacht, Trainingspläne, Spielideen und vor allem auch Einschätzungen jedes einzelnen Spielers, selbst jeder B-Jugendliche wurde präzise nach Talent und Fähigkeiten eingeordnet. Da war er ganz der Mathematiker. Als er 2017 viel zu jung mit 59 Jahren gestorben ist, hat uns seine Frau seine Notizen gezeigt, die in den Regalen seines Arbeitszimmers lagerten. Tausende dicht beschriebene Seiten, ein zu Papier gebrachtes sportliches Gesamtwerk, eine gigantische Sport-Datenbank. Akribischer Arbeiter, ja, aber eben kein Schleifer. Bei Feris Training stand immer der Ball im Mittelpunkt.

» Nicht machen, was du schon immer gemacht hast.

Dass ich heute noch mit einem Handball unterwegs bin, geht auch auf Feri zurück. Ich habe bei jedem Termin immer einen Handball dabei, ich lege ihn auf den Tisch, rolle ihn hin und her, nehme ihn in die Hand. Feri hat da eine Symbiose mit dem Ball geschaffen – und er hat mich geschult, Entscheidungen zu treffen, auch bei hohem Tempo selbstbewusst auf dem Platz Entscheidungen zu treffen, vor allem auch unerwartete Entscheidungen.

» Letztlich kommt es im Spitzensport darauf an, das Unvorhersehbare zu riskieren.

Manchmal auch Dinge, mit denen du dich selbst überraschst. Aber wenn lauter Profis auf dem Platz stehen, die sich durch viele Duelle schon in- und auswendig kennen, kannst du nicht machen, was du immer schon gemacht hast – sondern musst dich fast zwangsläufig für etwas Neues entscheiden.

Wirklich trainieren kann man das Unerwartbare nicht, aber wie man blitzschnelle Entscheidungen unter Druck treffen kann, das ist schon Teil des Trainings und auch dieses Buchs. Aber du kannst das Fundament schaffen, auf dem Spielfeld etwas zu machen, was in diesem Moment keiner erwarten würde.

» Vor allem musst du immer wach bleiben. Diese Momente haben mich auch später in meiner Karriere begleitet.

Zum Beispiel 2015: Ich war bereits neun Jahre beim Serienmeister THW Kiel, kehrte nach langer Verletzungspause zurück. Im März 2015 war mein Kreuzband gerissen, acht Monate Pause lagen hinter mir, und ich saß kurz vor Weihnachten erstmals wieder auf der Bank. Ausgerechnet in einem Champions-League-Spiel gegen MKB Veszprem. Das Spiel war sehr eng, es war sehr hektisch. Wir waren immer im Minus, lagen immer ein Tor hinter den Ungarn. In der 53. Minute war mir klar, irgendetwas musste passieren, irgendeinen Push brauchte die Mannschaft, die Zuschauer, alle. Dann machte ich, was niemand machen würde, was ich bis dahin auch noch nie gemacht hatte.

›› Ich ging zu Alfred Gislason, unserem Trainer, und sagte: »Wechsle mich ein!«

Kein Spieler sagt dem Trainer, dass er eingewechselt werden soll.

Aber etwas in mir glaubte an einen Gamechanger-Moment, dass wir das Spiel drehen könnten, dass der Gegner verwirrt werden und die Halle ein bisschen in Begeisterung versetzt werden kann, von wegen:

»Der Klein kommt zurück!!!« Nach der langen Verletzung!

Gislason fragte nur: »Bist du wirklich fit?«

»Ja, klar!«

In der 54. Minute wechselte er mich ein. Die Halle tobte, ich war einer der Altgedienten aus der extrem erfolgreichen THW-Zeit. Der ist wieder zurück auf dem Platz. Zurück im Trikot der Zebras, zurück bei dem Team, das mit jeder Faser das Motto lebt: »Wo wir sind, ist oben.«

Also: Acht Sekunden vor Spielende steht es gegen Veszprem 24:24, Crunchtime, heißeste Schlussphase. Acht Sekunden noch zu spielen. Ich mittendrin und mache, was ich halt mache, mache weiter, wo ich vor der Verletzung aufgehört hatte. Marko Vujin sieht, dass ich mich nach einem angesagten Spielzug wieder zurück in die Ecke geschlichen habe, passt mir den Ball, ich sehe Torwart Roland Mikler, habe einen großen Winkel und springe ab. Die komplette Halle hält den Atem an. Die ganzen Fans hoffen, wünschen, zittern. Und dann knall ich den Ball links oben ins Tor zum Siegtreffer, zum 25:24. Wahnsinn! Die Halle explodiert förmlich, alle scheinen auszuflippen.

Ein unfassbarer Jubel.

» Momente schaffen, die alles aus den Angeln heben.

Wir hatten dieses enge Spiel noch gewonnen. Ich hatte mir sozusagen selbst ein Traum-Comeback beschert. Statt in einem normalen Bundesligaspiel mal ein paar Minuten eingewechselt zu werden um mich wieder heranzuführen, habe ich im Feuer eine Entscheidung getroffen. Ich habe mich quasi selbst in die Schlacht geworfen – und danach auf dem Platz eine weitere Entscheidung getroffen und damit einen Moment geschaffen, der alles aus den Angeln hob.

Diese Momente prägen eine Sportlerlaufbahn. Wenn du eine Entscheidung triffst, mit der niemand rechnet. Das war schon damals bei der TUSPO Obernburg so. Es gab ja, wie gesagt, den Marcel Klein, meinen Bruder, und da gab es den Dominik, den kleinen Bruder, den »kleinen Klein«. Es hatte sich herumgesprochen, dass der Kleine auch mal ein Großer werden kann, dass das »einer für ganz oben« ist, »Mordstalent«, wie man halt so redet.

Ich hatte zwar in der Jugend nie wirklich in Auswahlmannschaften gespielt, außer ab und an Bezirksauswahl, aber gerade Feri sah in mir etwas Besonderes, etwas, das anders als bei anderen war. Vielleicht auch mehr Biss, mehr Leidenschaft, mehr Willen. Folglich nominierte er mich für ein Pokalspiel der Ersten Mannschaft in den Kader. Ich war damals 16 Jahre alt.

Das Pokalspiel fand am 16. Dezember 2000 statt, exakt an meinem 17. Geburtstag, zu Hause, vor 800 Leuten in unserer Halle. Eine Superstimmung.

Es lief gut für uns, und alle hofften darauf, das neue Obernburger Wunderkind, den »kleinen Klein«, spielen zu sehen. Und auch, dass beide Kleins auf dem Feld stehen. Allein dafür waren viele gekommen.

Dann wechselt mich Feri ein. Ich gehe unbekümmert rein, bin kaum nervös und das Beste: Mein Bruder versuchte die ganze Zeit, mir mein erstes Tor aufzulegen.

Er wollte mir einen Superstart ermöglichen. Den ich dann bekam. Ich wurde am Kreis gefoult. Und im Handball gilt: Der Gefoulte sollte lieber nicht den Siebenmeter werfen. Doch ich nahm mir den Ball, fast selbstverständlich. Die Halle stand kopf. Der »kleine Klein«! Im Tor breitete Yukihiro Hashimoto die Arme aus, er war damals japanischer Nationaltorwart.

Dann war alles wie im Film: Ich stehe am Siebenmeter-Punkt, hole aus, mache einen Dreher, was schon frech ist. Er hält ihn. Der Ball kommt wieder zu mir, ich kriege eine zweite Chance, und statt ihn direkt ins Tor zu zimmern, mache ich einen Leger über seinen Kopf. Das war noch mal frecher, das war komplett unerwartet.

Nicht nur, dass ich mit 17 mein erstes Tor bei der 1. Herrenmannschaft mache, ich setze noch einen drauf.

» Immer zehn Prozent mehr.

Ich kann diese Aktion nur halb erklären. Sicher, der 17-Jährige wollte zeigen, was er Tolles kann, wollte vor den Fans posen. Und doch war es auch eine intuitive Entscheidung.

❯❯ Riskiere das Unerwartete. Mach das, was keiner erwartet.

Mein Vater hat immer gesagt: »Mach zehn Prozent mehr als alle anderen.« Das hat er mir schon gesagt, da wusste ich noch gar nicht, was Prozent sind. Aber »zehn Prozent mehr« heißt nicht nur mehr laufen, mehr trainieren, mehr Trainingswürfe machen.

❯❯ Es heißt auch, zehn Prozent unberechenbarer zu sein.

Das war also mein Start in den Erwachsenensport. Der freche kleine Klein, der den Ball nicht einfach ins Tor hämmern wollte, zack, lang in den Winkel, sondern zeigen wollte, was er für Varianten draufhat.

Sicher, eine Sportlerkarriere ist nicht nur eine Abfolge magischer Momente. Zum Sportlerleben gehören viele Stunden Training, auch herbe Niederlagen, Rückschläge, die Tristesse in kalten Hallen die öden Umkleidekabinen, Enttäuschungen, wenn man nicht mehr eingesetzt wird, wenn der Vertrag nicht verlängert wird, der Frust, wenn der Gegenspieler einen brutal foult oder ins Gesicht schlägt, die Missstimmung in einer Mannschaft, wenn es nicht läuft, die öden langen Fahrten zu Training und Spielen.

Doch dann kommen diese besonderen Momente. Die Momente, die dich ein Stück weiter bringen. Bei denen es ein Vorher und ein Nachher gibt.

Einer dieser Momente war auch, als Feri mit seinem Auto vor meiner Schule stand. Er sagte: »Steig ein!« Es war Freitagmittag, ich wollte nach Hause. Doch Feri sagte: »Wir fahren jetzt nach Pforzheim.«

»Pforzheim?«

Er war zuvor bei mir Zu Hause gewesen, hatte mit meiner Mutter zusammen meine Sporttasche gepackt und im Kofferraum verstaut.

»Wir fahren zum Lehrgang der Jugendnationalmannschaft.«

❯❯ Mit dem Storch gepokert.

Feri hatte immer wieder bei den Bundestrainern der Jugendmannschaften angerufen, hat die richtig genervt. Er hätte da einen Spieler, der erzielt im Schnitt 16 bis 17 Tore im Spiel. Den müssten sie einladen, radebrechte er in seinem slowakisch-ungarisch-deutschen Sprachmix. Auch deshalb haben sie ihn nie ganz ernst genommen. Doch er hat sich nicht entmutigen lassen. Immer wieder saß er am Telefon, hat angerufen: »Der Klein ist guter Spieler, müsst ihr angucken!«

Beim Verband werden sie gedacht haben: Oh, da ruft wieder dieser komische Ungar an, welche Ausrede fällt uns heute ein?

Doch irgendwann haben sie dann eingelenkt.

Wir fuhren also direkt nach der Schule nach Pforzheim. Und bei diesem Lehrgang geriet ich so langsam ins Blickfeld der Auswahlspieler. Sie fingen an, Feri und mich ernst zu nehmen. Auch wenn ich noch körperliche Defizite hatte. Denn ich hieß nicht nur Klein, sondern war es auch beziehungsweise für einen Handballer etwas zu schmal. Oder wie mein Bruder immer gesagt hat: »Wir haben mit dem Storch gepokert und die Beine gewonnen«.

Doch nach Pforzheim entwickelte Feri einen Plan, woran ich arbeiten sollte. Nun trainierte ich fünfmal die Woche, machte Sondertraining, Krafttraining, aß fünf Mahlzeiten am Tag, wurde kräftiger, größer und war dann plötzlich nicht mehr der kleine Klein.

» Dann kam der nächste Schritt.

Mit der TUSPO waren wir 2001 in die Zweite Liga aufgestiegen. Und nicht nur die Leistung der Mannschaft sprach sich herum, auch meine Leistung. Ich wechselte im Jahr darauf zum TV Großwallstadt in die Erste Bundesliga, mit dem Auto zehn Minuten von uns entfernt – im Handball aber ein Traditionsverein. Ich blieb ein Jahr, und während des Jahres klingelte das Telefon: Martin Schwalb war am Apparat, ehemaliger Nationalspieler und nun als Trainer erfolgreich bei der SG Wallau-Massenheim. Ich war 19 Jahre alt, und Schwalb und Wallau-Massenheim, das war ein Argument. Ich also dreimal die Woche eine Stunde mit dem Auto an Frankfurt vorbei Richtung Wallau und danach wieder zurück. Hingefahren, trainiert, dann wieder zurückgefahren. Weil ich noch das Doppelspielrecht hatte, trainierte ich zweimal pro Woche bei meinem Heimatverein, der TUSPO. In gewisser Weise die berühmte Extrameile. Wenn ich heute gefragt werde, ob ich mal keine Lust gehabt hätte, ob ich mal hinschmeißen, was anderes hätte machen wollen, antworte ich klar Nein.

Dann erzähle ich von den ständigen Fahrten über die Autobahn und dass ich das immer wollte. Nie hatte ich mir Gedanken gemacht, dass ich schon wieder dahin fahren muss, was das für eine Quälerei sei. Nein, das hat mir alles Spaß gemacht, oder besser: Das, was ich am liebsten mache, konnte ich jetzt noch öfter machen, mit Leuten, von denen ich noch mehr lernen konnte. Es ist mir nie zu viel geworden.

❯❯ Fehler machen ist erlaubt.

Ich war damals mehr denn je bereit, ebenjene zehn Prozent mehr zu geben. Und ich hatte mich dafür entschieden: Handball als Beruf auszuüben. Ja, ich habe Mittlere Reife, danach eine Ausbildung zum IT-Systemkaufmann abgeschlossen, parallel aber immer trainiert, trainiert, trainiert. Auch im Zivildienst, als ich für das Rote Kreuz Fahrdienste gemacht habe, war abgesprochen, dass meine Schichten so gelegt werden, dass ich weiter zum Training gehen kann. Offenbar wollte nicht nur ich, dass es mit der Handballkarriere klappt. Es wollten auch andere. Und Steine, die mir in den Weg hätten gerollt werden können, wurden frühzeitig beiseitegeschafft. Ich ging immer relativ unbekümmert an neue Aufgaben im Sport heran, was auch am Fundament lag, das Feri gelegt hatte. Denn neben den zahlreichen Dingen, die ich ihm zu verdanken habe, ist das das Wichtigste:

❯❯ Ich durfte Fehler machen.
Es durfte auch etwas nicht klappen.

Seine Mannschaft, gerade die im Jugendbereich, durfte Fehler machen. Alle durften Fehler machen. Wir verkrampften nicht aus Angst vor Fehlern, sondern nutzten Fehler, um daraus etwas zu lernen. So konnte sich der Gedanke ans Scheitern gar nicht erst im Kopf festsetzen – und es fiel mir auch leichter, durch die Türen zu gehen, die sich mir im Laufe der Profikarriere öffneten.

Eine schöne Zugabe war, dass ich zu jener Zeit ein sogenanntes Doppelspielrecht hatte. Ich konnte sowohl in der Zweiten Liga bei Obernburg spielen als auch parallel in der Bundesliga. Die Heimat als Basis, die Bundesliga als Chance. Und mit Feri und Schwalb zwei Trainer, die sich intensiv Gedanken um die Entwicklung eines Talents gemacht haben – und auch im Sinne des Talents entschieden haben. Doch das Modell blieb schnell Theorie, tatsächlich drehte es sich um. Ich half beim Heimatverein aus und spielte meist Bundesliga.

Auch wenn das mitunter extrem hart war.

» Schmeiß den Ball nach vorne, Dominik steht da.«

Im Haifischbecken Bundesliga brauchst du vor allem mehr: mehr Physis, mehr Sprungkraft, mehr Athletik, mehr Raffinesse beim Wurf, mehr, mehr. Fest stand jedenfalls meine Position: Linksaußen. Auch weil ich schnell war, immer instinktiv aus der Defensive losgelaufen bin, früher als die anderen. Als Martin Schwalb mal in einer Teambesprechung sagte: »Schmeißt einfach den Ball vor, der Dominik steht da«, war das für mich als jungem Spieler ein kleiner Ritterschlag. Ab diesem Moment gehörte ich endgültig dazu, hatte meine Rolle auf dem Platz. Denn darum geht es dir als junger Spieler: respektiert zu werden. Das gelingt mit einem Kracher-Tor, mit einem robusten Foul, aber vor allem dadurch, dass du dich nie über die Mannschaft stellst. Ein bisschen sind Handballer die Feuerwehrleute unter den Sportlern.

Wobei man das eher zurückhaltend sagen muss. Wenn wir auf dem Spielfeld Entscheidungen treffen, hängen davon nicht Menschenleben ab. Wenn wir Entscheidungen treffen, geht es um Tor oder nicht Tor. Aber wie bei der Feuerwehr ist Handball eine Abfolge vieler Entscheidungen in schneller Zeit.

Wenn die erste Entscheidung falsch ist, wird die dritte es auch sein.

Was uns eint, ist die gelebte Bodenständigkeit – und die weitgehende Abwesenheit von Show und Theatralik. Wir können uns nach einem Foul nicht lange auf dem Boden wälzen und von vermeintlichen Schmerzen geplagt zum Schiedsrichter blicken. Rudelbildung auf dem Platz gibt es nur ganz selten, und Schiedsrichterentscheidungen, auch wenn sie verkehrt sind, können nicht lange debattiert werden. Wenn ein Tor fällt, reißt sich auch keiner das Trikot vom Leib oder macht ein Tänzchen in der Ecke des Spielfelds. Es geht gleich wieder weiter, sobald der Ball im Mittelkreis ist, die sogenannte »schnelle Mitte« greift, und schon geht es wieder weiter. Handball ist ein Sport der schnellen Entscheidungen, ein Abtauchen auf dem Platz nahezu nicht möglich. Auch wenn böse Zungen behaupten, gerade auf Linksaußen (!) sei das möglich.

›› Die Zebras! Das weiße Ballett!

Und dann meldete sich wieder ein Bundestrainer. Diesmal war es Heiner Brand. Er berief mich in die deutsche Handballnationalmannschaft. Mein erstes Länderspiel war 2005 in Israel, und von da an war ich dabei. Ich trug nun »den Adler« auf der Brust, den erwachsenen Adler, und das in einer Zeit, als der deutsche Handball auf den größtmöglichen Höhepunkt im Jahr 2007 zusteuerte. Zuvor gab es noch einen Anruf, diesmal aus Kiel, im Jahr 2005.

Uwe Schwenker, Geschäftsführer vom THW Kiel, rief bei uns zu Hause an. Ob man sich mal treffen könne.

Schwenker!

Der THW Kiel!

Die Zebras!

Das weiße Ballett!

Mit dem legendären Zvonimir Serdarusic als Trainer!

Kurz: das oberste Regal in Deutschland.

Natürlich können wir uns treffen. Wir trafen uns in Hannover am Flughafen, mein Vater war mit dabei, und ich, 21 Jahre alt, bekam den Mund nicht zu. Zvonimir genannt »Noka« Serdarusic, *Der* »Noka« sprach über mich, sprach über meine Stärken, wollte mich im Team.

Innerlich hatte ich mich längst entschieden. Ab 2006 sollte ich in Kiel spielen, weil sie bis dahin noch jemanden auf meiner Position hatten. Übergangsweise spielte ich noch ein Jahr beim TV Großwallstadt, weil Wallau-Massenheim Insolvenz anmelden musste.

» Immer all-in gehen.

Die Entscheidung für Kiel und der Schritt in den hohen Norden war das Größte überhaupt. Bisher war ich vor allem in der Heimatregion, im Fränkischen, in Hessen unterwegs – nun eine andere Stadt, 685 Kilometer entfernt, ein anderes Bundesland, vor allem auch ein anderer Menschenschlag. Sie hatten Häuser aus Klinkersteinen, die Landschaft war flach, und die Leute brauchten ein Weilchen, bis sie antworteten. Aber ich ging all-in. Wie bei allem, was ich tat, wenn ich mich für etwas entschieden hatte, dann zu 100 Prozent plus X. Auch das hatte ich bei meinem Vater gelernt.

Er identifizierte sich zu 100 Prozent mit unserem Heimatverein, war Abteilungsleiter, pustete Luftballons auf, war der Organisator und Macher im Verein, war bei jedem Spiel dabei. Eine Entscheidung für einen Verein ist für mich immer eine zutiefst emotionale Entscheidung. Die Fans in den oberen Rängen, die vielen Helfer, die medizinische Abteilung, alle gehören zum Verein, alle identifizieren sich mit dem Verein. Deshalb geht man nach dem Spiel zu den Fans und winkt ihnen zu, auch wenn es scheiße lief. Deshalb nimmt man sich nie wichtiger als den Verein. Das war das, was mir meine Eltern mitgaben, ein stabiles Fundament.

» Fundament ist eine Metapher, die mein Vater immer wählt.

Vor allem auch bei Höhenflügen, wenn Überragendes gelingt. Dann sagt er: »Nimm diesen Stein und verbreitere damit dein Fundament.«

Nur so steht man stabil.

Das erfolgreichste Jahr.

Fast zehn Jahre war ich in Kiel, gewann dreimal die Champions League und wurde mit dem Team achtmal deutscher Meister.

Und das erste Jahr, die Saison 2006/2007, war die erfolgreichste meiner Laufbahn. Alle relevanten Titel gewonnen, im Februar 2007 wurde ich mit der Nationalmannschaft auch noch Weltmeister. Mehr geht nicht. Doch zwischen WM-Endspiel und nächstem Spieltag in der Bundesliga lag exakt eine Woche. Es ging immer weiter. Und beim THW gehört es zur DNA des Vereins, viele Titel zu holen. Also mindestens einen pro Saison, um wieder einen Grund zu haben, das Briefpapier zu ändern. Aber die Mannschaft war hungrig, ich war hungrig. Und vor allem: Wo wir sind, da ist oben.

Der WM-Titel pushte ohnehin die Begeisterung in Deutschland. 18 Millionen Zuschauer saßen am 4. Februar 2007 beim 29:24 gegen Polen vor dem Fernseher. Alle Favoriten hatten wir auf dem Weg ins Finale geschlagen: Frankreich, Spanien. Und dann die Krönung in Köln. Ein Segen für den Sport. Wir Handballer waren erfolgreich, aber vor allem waren wir die nahbaren Sportler. Die Menschen konnten sich mit uns identifizieren, wir waren keine Sportler, die sich auf einer fernen Umlaufbahn bewegten.

In der Anfangszeit beim THW Kiel hatte ich übrigens aufgehört, die *Handballwoche* zu lesen. Bis dahin war das eine meiner wichtigsten Lektüren. Wer hat wie gespielt und vor allem: Wer wechselt von wo nach wo. Das hatte ich schon als Kind aufgesogen, jede Mini-Info über die Handballszene. Bis ich einmal Nikola Karabatic, damals auch beim THW, fragte, ob er gesehen habe, dass Spieler X zum Verein Y wechselt – und Niko nur mit den Achseln zuckte. Seine Devise war: Wo wir sind, ist oben. Das hieß: Nicht so sehr schauen, was die anderen machen, und in jedem Training an die Grenzen gehen. In jedem Spiel alles geben. Und Noka, unser Trainer, war Perfektionist, häufig machten wir täglich drei Stunden Taktiktraining, studierten Spielzüge ein, bestimmten Bewegungsabläufe, Passtafetten, Würfe – was später im Spiel entschieden wurde, war oft schon lange vorausgedacht und einstudiert. Das Jahr 2007 wurde dann noch mit einer Vertrags-verlängerung abgerundet: Drei Jahre Vertrag bei Kiel. Ich war endgültig angekommen.

» Der Ball muss zum besser positionierten Spieler.

Für mich auch das Resultat, mit welcher Intensität man etwas macht. Geplant habe ich vieles nicht, aber wenn ich den Ball in die Hand genommen habe, habe ich das Spiel gelebt mit jeder Faser. Man macht so etwas nicht nebenbei. Man macht es intensiv und zu 100 Prozent. Daraus speist sich der Instinkt.

» Wenn ich ganz bei mir bin, treffe ich die besten Entscheidungen.

Natürlich gehört dazu auch Disziplin, Leidenschaft, Wille – und es gehört Respekt dazu. Respekt gegenüber dem Gegner, Respekt gegenüber den Fans – und Respekt gegenüber den Mitspielern. Du spielst zum Spieler, der besser positioniert ist. Ich würde sagen, das ist einer der entscheidenden Erfolgsfaktoren beim Handball: Der Ball muss zum besser positionierten Werfer. Mit dieser Haltung gehst du ins Spiel. Du gehst nicht ins Spiel, um zu glänzen und deinen Torrekord auszubauen, du gehst ins Spiel, um den Ball dem besser positionierten Spieler zu passen.

Das erdet. Auch in einem »Star-Team« wie dem THW Kiel. Sicher hatten wir ein besonderes Selbstbewusstsein. Wo wir sind, ist oben. Unsere Körpersprache und unser Auftreten zeugten von Selbstbewusstsein. Aber das darf eben nie in die falsche Richtung kippen. Denn mit Überheblichkeit wirst du kein Spiel gewinnen. Und einem überheblichen Spieler – und die gibt es auch im Handball – wird auch nicht mehr der Ball gespielt, auch wenn der Mitspieler besser positioniert ist.

>> 24 Stunden Ikea-Regale bauen.

Irgendwann kommt die Zeit, da helfen dir deine Entscheidungen nicht mehr. Da läuft es einfach nicht mehr. Bei mir kam der Karriere-knick 2010. Ich schoss weniger Tore, meine Pässe kamen nicht an, meine Performance stimmte nicht mehr.

Bis dahin kannte ich nur eine Richtung: nach oben.

Nun ging es in die andere Richtung. Es war eine zähe Hin-runde für mich – doch wirklich greifbar wurde für mich der Knick, als mich Heiner Brand nicht in den Kader für die Europameister-schaft berief. Die Handball-EM in Österreich stand an, aber sollte ohne mich stattfinden Das hatte mich hart getroffen, das war ein richtiger Keulenschlag. Bis dahin hatte ich immer zu den Besten in Deutschland gehört, nun war ich aussortiert worden. In meinem Frust baute ich erst mal einen Tag lang Ikea-Regale auf, um irgend-wie auf andere Gedanken zu kommen. Das half jedoch nur kurzfris-tig. Es half mir vor allem nicht, aus dem Loch rauszukommen. Zu-mal ich ja schon einige Monate im sportlichen Tief war. Sollte ich mehr trainieren? Mehr laufen?

Nein.

Mein Tief begann im Kopf. Ich wehrte mich lange dagegen, das zum Thema zu machen. Ich bin ein Mann, wir sind stark, wir kommen da selber raus. Tun wir eben nicht. Und so viele Ikea-Regale gibt es nicht, um sich abzureagieren. Meine Familie, meine Berater, mein Umfeld sagten: Lass dir helfen! Sprich mit jemandem!

Pah! Was soll ich sprechen, ich muss einfach mehr trainieren! Was man halt so denkt.

Tatsächlich bin ich dann zu einem Coach gegangen. Er wurde mir empfohlen. Er hatte bis dahin als Coach in der Wirtschaft gearbeitet, hatte in Unternehmen Teams entwickelt und Führungskräfte gecoacht, ich war sein erster Sportler. Doch schon nach zwei Minuten bei Jürgen Boss wusste ich: Hier bin ich richtig. Denn er stellte die richtigen Fragen:

Wie fühlt sich ein guter Zustand auf dem Spielfeld an?

❱❱ Wie bringst du dich in einen guten Zustand?

Letztlich ging es immer darum: um den guten Zustand.

❱❱ Den Fokus finden.

Er ließ mich reden, er hörte zu und fragte immer weiter.

Das war der Auftakt. Jürgen begleitete mich acht Jahre bis ans Karriereende. Wir haben während meiner aktiven Zeit fast vor jedem Spiel telefoniert. Manchmal nur ganz kurz, manchmal länger.

Ich sagte ihm, was mich belastet, er fragte danach, was mich nun in einen guten Zustand bringen könnte. Aber ich teilte mit ihm auch Erfolge, Erkenntnisse, Fortschritte. Er war einer, der sich mit mir gefreut hat.

Vor allem aber half er mir, meinen Fokus wiederzufinden.

Ich erinnere mich an eine Szene, es war kurz vor einem Champions-League-Halbfinale. Wir wärmten uns auf, und ich bemerkte wie einer meiner Mitspieler die Musik, die in der Halle lief, mitsang, irgendeinen Popsong.

Mich störte das ganz gewaltig. Aus meiner Sicht schien er irgendwie nicht bei der Sache – als ob es »hier um nichts ginge!!«

Als ich Jürgen die Szene schilderte, sagte der:

»Was ist mit deinem Fokus? Du regst dich über jemanden auf und verlierst dabei womöglich genau dieses Maß an Energie, das du später in einer Spielsituation brauchst.«

» Das war der Punkt: Ich verschwendete Kraft. Einfach so.

»Jeder hat einen individuellen Zugang, um in einen guten Zustand zu kommen«, sagte Jürgen, »konzentriere dich auf deinen eigenen, und wenn es dir hilft, einen Witz zu erzählen, erzähle einen Witz.«

» Wollte die Karriere nicht beenden.

Es war dieser Input, diese kleinen Erinnerungen, die mich auf dem Platz weiterbrachten. Die die Basis für den Rest meiner Spielerkarriere bildeten – die mir halfen, die richtigen Entscheidungen auf und neben dem Platz zu treffen. Das betraf Situationen im Spiel und wie es mir gelingen kann, den Winkel vor dem Tor zu vergrößern, um eine bessere Wurfposition zu haben, wie ich beim Gegenstoß im 1:1 agieren soll. Das betraf auch die nächsten Karriereschritte. Denn nach meiner Kreuzbandverletzung wollte der THW Kiel zwar mit mir verlängern, aber eben nur noch für ein Jahr. Ich war 31, wollte meine Karriere nicht beenden und noch eine Weile auf höchstem Niveau spielen. Tatsächlich war ich auch etwas enttäuscht, dass sie in Kiel nach fast zehn erfolgreichen Jahren nun auf mich verzichten wollten.

Die nächste Entscheidung stand an. Und die betraf nicht nur mich, sondern auch meine Familie. Meine Frau Isabell war selbst Handballspielerin, hatte auch in der Nationalmannschaft gespielt, zudem war 2014 unser Sohn auf die Welt gekommen. Der nächste Schritt musste also in vielerlei Hinsicht passen, sportlich und familiär. Und ins Ausland wollten wir nur, wenn es für beide passt. Also fuhren wir nach Nantes in Frankreich, Bretagne. Dort, beim HBC Nantes, war meine Position frei, und wir sollten uns alles mal anschauen, verhandeln, ob man zusammenkommt.

Doch ich tat mich schwer an diesem ersten Tag. Ich konnte die Sprache nicht. Die Stadt, die Umgebung, das löste nichts bei mir aus. Auch die Halle, die Kabinen, der Kraftraum, alles schaute ich an und hatte null Bauchgefühl.

Im Gegenteil: Mir zog sich der Magen zusammen bei der Vorstellung, dort zu spielen, dort zu leben. Ich hatte richtig Bauchkrämpfe.

›› Du wirst uns zeigen, wie das geht!«

Dann saßen wir alle zusammen. Der Präsident, die Dolmetscherin, mein Berater, meine Frau, ich. Der Trainer kam zu spät. Fand ich schon seltsam. Alles fügte sich in ein negatives Bild. Mein Bauch krampfte, und ich dachte: Was mache ich hier eigentlich? Ich will woanders sein, nicht hier! Als ich während der Besprechung pflichtschuldig fragte: »Wo will der Verein in fünf Jahren stehen?« – da schlug der Präsident mit der Hand auf den Tisch, so laut, dass es knallte, blickte mir in die Augen und rief: »Wir wollen in die Champions League! Wir wollen dahin mit dir, du hast sie schon dreimal gewonnen und wirst uns zeigen, wie das geht!« Zack!

Das war extrem ambitioniert. HBC Nantes war damals noch ein eher kleinerer Verein. In Frankreich dominierte PSG Paris. Doch die Worte waren genau richtig gesetzt. Die Emotion war genau richtig dosiert.

Plötzlich lösten sich meine Krämpfe. Plötzlich war ich entspannt. Und ich wusste: »Ja, ich bin dabei!«

Im Auto sagte ich zu meinem Berater: »Wir gehen hierhin!« Zumal sich auch für Isabell eine Chance in Nantes ergab. Und dann wurde es eine wunderbare Zeit. Im ersten Jahr kamen wir ins Achtelfinale der Champions League, im zweiten Jahr waren wir unter den letzten vier beim Final-Four-Turnier in Köln. Damals war keine deutsche Mannschaft dabei, deshalb wurde ich von den deutschen Fans besonders gefeiert.

›› Ein Prosit der Gemütlichkeit.

Auch wenn wir das Turnier nicht gewonnen haben, war Nantes ein weiteres Puzzleteil, das mir geholfen hat, mehr über den Sport zu lernen – und mehr über mich zu erfahren. In Nantes gab es immer eine Blaskapelle, die vor und nach dem Match spielte. Weil ich immer eine Verbindung zu den Fans gesucht habe, weil mir immer auch die wichtig waren, die dafür zahlten, uns spielen zu sehen, ging ich auch nach dem Spiel zu ihnen. Irgendwann begann die Blaskapelle, nach dem Spiel wegen mir immer ein »deutsches Lied« zu spielen. Und dann stand ich auf der Tribüne, die Kapelle schmetterte »Ein Prosit der Gemütlichkeit«, und ich schunkelte mit den französischen Fans. Das war immer das Highlight bei den Spielen. Und dann hörte ich 2018 auf.

16 Jahre war ich Handballprofi gewesen. Es gab ein letztes Spiel in Obernburg. Es kamen fast alle Spieler, mit denen ich bei der TUSPO zusammen gespielt hatte. Und als Clou hatte die Hausmeisterin Selma mit ihrem Mann ein Holztor aufgebaut. Weil ich sie früher als kleiner Steppke immer gefragt habe, ob ich ein bisschen aufs Tor werfen darf. Deshalb hatten sie mir zum Abschied ein eigenes Tor aufgebaut. Und daran wurden zum Abschluss noch meine Schuhe genagelt.

›› Das Spiel und das Tor waren ein wunderbarer Schlusspunkt und meine Entscheidung die richtige. Es war vorbei.

Dann kam unsere Tochter auf die Welt. Wir zogen mit den Kindern nach München, weil Isabell von dort kommt. Freiheiten nutzen: Ich mache Marketing für den bayerischen Handballverband, habe einen gemeinnützigen Handballcampus in München gegründet, der Kinder im goldenen Lernalter von drei bis zwölf Jahren zu mehr Bewegung begeistern möchte. Und für die ARD arbeite ich als Experte bei Handball-Großereignissen und Topspielen der Handball-bundesliga. Mir geht es gerade bei dem Fernsehjob darum, etwas vom heiligen Ernst zu nehmen bei Sportarten wie Handball, die von uns begleitet und kommentiert werden – und vor allem nicht nur Siege bejubeln.

Die Arbeit als Experte macht mir enorm viel Freude, weil ich die Leidenschaft für meinen Sport auch nach der Karriere noch in die Wohnzimmer transportieren und dazu beitragen kann, dass wir in Handball-Deutschland auch die unerwarteten Momente mehr schätzen, den Spielwitz, die plötzlichen Entscheidungen. In Deutschland sind Spielzüge meist so aufgebaut, dass der Ablauf zu Ende gespielt werden muss, um ein Tor zu erzielen. Das ist eine glasklare Abfolge.

In Frankreich kann zu jedem Zeitpunkt des Ablaufs ein Treffer erzielt werden. Gerade die französische Nationalmannschaft agiert offener, in gewisser Weise durchlässiger. Danach werden auch Talente ausgesucht, die Spielwitz haben, etwas riskieren wollen, sich auch mal über einen einstudierten Ablauf hinwegsetzen.

Wir selektieren vielleicht etwas zu genau, gerade bei Talenten. Wir beurteilen nicht den Spielwitz, ob einer das Unvorhersehbare wagt, sondern seine Unverrückbarkeit in den Entscheidungen.

» Da sollten wir etwas freier werden, offener für das vermeintlich Undenkbare.

Slowenien spielte beispielsweise schon mit fünf Spielmachern gleichzeitig – eigentlich undenkbar, aber es funktioniert. Im Handball gilt ja: Wer weniger Fehler macht, gewinnt das Ding.

» Denn wirklich erfolgreich wird das Team, wenn es bereit ist, das Unerwartete zu tun.

13

Einsatz
Spielfeld

Jetzt oder nie. Strategische Entscheidung, ins Ausland zu gehen

von Dominik Klein

Eine meiner schwierigsten strategischen Entscheidungen in meinem Handballerleben bestand darin, nach über zehn Jahren den THW Kiel zu verlassen. Nach einer derart erfolgreichen Zeit die gewohnte Umgebung, die Fans, die Stadt und – natürlich das Herz – die Ostseehalle hinter sich zu lassen. Dies musste extrem gut und kritisch abgewogen werden. Ich nehme Sie deshalb kurz mit in unsere Gedankenwelt von damals, wie wir - meine Frau Isabell, ebenfalls Handball-Nationalspielerin zu dem Zeitpunkt, und ich – zu dieser Entscheidung gekommen sind.

◉ ALLGEMEINE LAGE

Ort: Küchentisch
Zeit: 11:00 Uhr
Wetter: sonnig, 16 °C

Einsatzstichwort: Arbeitgeberwechsel

Bemerkung: Langjährige, extrem erfolgreiche Zusammenarbeit soll nicht einfach zerfallen und wird sehr wertgeschätzt. Nächster Schritt soll nochmal ein echter Schritt und Weiterentwicklung bringen.

PROBLEMANALYSE

Die große Entscheidung stand an, wie und wo wir weitermachen werden. si war auf Topniveau im Frauenhandball und Nationalspielerin. Ich war langjähriger Spieler des THW Kiel und seit Jahren eine der Identifikationspersonen nach innen in die Mannschaft und in die Geschäftsstelle sowie nach außen zu den Fans. Für mich war deshalb klar: Wenn wir wechseln, dann will ich wieder Verantwortung übernehmen und mich weiterentwickeln.

» Einfach »nur« spielen wollte ich nicht. Ich wollte es unbedingt schaffen, in einem weiteren Verein auf Topniveau eine Entwicklung mitgestalten zu dürfen.

Bislang kannte ich in tragender Rolle nur einen Verein – den THW Kiel. Außerdem wollten wir, dass meine Frau den Abschluss ihrer Karriere voll und ganz ausleben und auskosten konnte. Sie hatte all die Jahre alles mitgetragen. War von Buxtehude nach Kiel gependelt, um selbst auf Topniveau spielen zu können. Ich fuhr auch oft nach Buxtehude, wenn es die Zeit irgendwie zugelassen hat. Diese Pendelei ging im Familienmodus nicht mehr. Daher war klar: An einem gemeinsamen Standort muss Spitzenhandball für uns beide möglich sein.

Gleichzeitig war uns bewusst, dass dies nur mit einer Au-Pair oder engen Bekannten funktionieren würde, die uns bei der Kinderbetreuung unterstützen. Allerdings mussten wir das Vertrauen und die enge Beziehung zu diesen Personen erst langsam aufbauen.

Ich wollte eine klare Rolle und eine herausfordernde Zielsetzung im neuen Verein. Am allerliebsten in der Kombination, dass meine Frau mehr im Vordergrund stünde und mit der gleichen Trainingsintensität wie ich den Karriereabschluss voll auskosten könnte.

» Ich habe so viel Respekt vor ihrer Leistung. Das kann ich gar nicht in Worte fassen.

☑ ZIELE

Spitzenhandball für Frauen und Männer in einer Stadt oder Region

Wir wollen gemeinsam in eine Stadt oder Region als junge Familie ziehen und Spitzenhandball spielen – beide! Natürlich will ich Champions League spielen, aber noch viel wichtiger ist mir meine Rolle.

Rolle und Mannschaftsgefüge müssen passen

Ich will gestalten und Verantwortung übernehmen. Ich bin bereit, auch zu einem Nicht-Champions-League-Verein zu gehen. Ich will klare Aussagen von der sportlichen Leitung, vom Trainer und vom Präsidium. Ich kenne mich und weiß, wenn ich nicht Vorbild sein kann, kann ich keine Spitzenleistung bringen.

☒ NICHTZIELE

Bestes sportliches Angebot für mich

Ich hatte mich nach meinem Kreuzbandriss zurückgekämpft. Extrem konsequent Reha betrieben. Und wurde in Kiel direkt belohnt, konnte sofort volle Leistung bringen, den Unterschied machen. Ich konnte zu mehreren großen Vereinen wechseln. Die Priorität liegt ganz klar auf meiner Führungsrolle und den geplanten Entwicklungsschritten des Vereins.

Deutscher Standort
Deutschland und die Nähe zur Familie sind natürlich wertvoll. Die Priorität lag allerdings auf der sportlichen Ausrichtung für Isi und mich.

Der Schritt ins Ausland
Ich hatte jahrelang in Deutschland auf höchstem Niveau spielen dürfen. Es wäre plausibel gewesen, dass ich zu einem internationalen Topverein ins Ausland wechseln und dort meine Erfahrungen machen und zeigen könnte, dass ich auch in einem internationalen Topverein im Ausland Leistung bringen würde. Doch wiederum galt: Unsere Priorität lag auf der Gesamtkonstellation im neuen Verein.

ZEITSTRAHL UND PROGNOSE
Der Kopf ist voller Ideen, und alles dreht sich. Zukunft, Vergangenheit, Chancen, Optionen. Man will entscheiden, hat aber einen vollen Kopf. Was passiert, wenn? Wie läuft es? Hätte, könnte, wäre, sollte ... Ich finde es schwer, solche Entscheidungen zu treffen. Durch das strukturierte Vorgehen wird es einem deutlich erleichtert:

Bester Fall:
Im besten Fall finden wir einen Standort, an dem Isi in einem Spitzenklub mit internationalem Wettbewerb spielen kann. Und ich ebenfalls in derselben Region spielen kann und mich in aktiver Rolle

in Verantwortung und in aktiver Weiterentwicklung von Mannschaft und Verein sehe. Das Ganze ausgestattet mit finanziellen Rahmenbedingungen, die attraktiv sind.

Wahrscheinlichster Fall:

Einer von uns beiden muss zurückstehen. Ich bin deshalb bereit, auch zu einem durchschnittlichen Erstligaverein in einer der großen europäischen Ligen zu wechseln. Für Isi finden wir einen Verein, in dem sie auf ihrem Leistungsniveau spielen kann. Gleichzeitig wollen wir das familiäre Umfeld mit unserem zweijährigen Sohn genießen und es gemeinsam erleben können.

Schlechtester Fall:

Das Pendel schlägt zu weit in die eine oder andere Richtung aus. Entweder bekomme ich ein lukratives Angebot, bei dem wir nicht Nein sagen können. Allerdings ohne saubere Rollen- und Zielsetzungsdefinition. Zudem beendet Isi ihre Karriere oder spielt unterklassisch. Als klassischer »Legionär« kann es schnell passieren, dass ich mich nicht ausreichend gefordert fühle. Es muss auf jeden Fall verhindert werden, dass ich in eine Legionärs- oder Dienstleisterrolle falle. Das bin nicht ich. Es wäre schlecht für uns als Familie, wenn Unzufriedenheit aufgrund zu geringer sportlicher Herausforderung und mangelndem Rollenverständnis in der Mannschaft entstehen würde. Das wollten wir unbedingt verhindern.

Damit lagen alle Fakten auf dem Tisch. Wir hatten auf der Landkarte mehrere Städte ausgesucht, die theoretisch infrage kamen. Und dann hat sich die Verhandlung mit Nantes aufgetan. Es gab auch ein bis zwei deutsche Standorte, bei denen wir es uns gut hätten vorstellen können. Allerdings war Nantes mit der Zielsetzung, in die Champions League zu kommen, ein Ziel, das zu diesem Zeitpunkt kaum möglich war.

Ein verrücktes sportliches Ziel zu jenem Zeitpunkt. Die Frauenmannschaft in Nantes war bereits eine sehr stabile, gute Mannschaft in Frankreich. Das Präsidium hatte unsere Situation trotzdem verstanden und ist auf uns eingegangen. Sie haben vermittelt, dass Isi beim Frauenverein einen entsprechenden Vertrag bekommen würde. Für uns war das quasi ein Kompaktangebot.

» Damit ist unsere Entscheidung für das französische Ausland gefallen.

Ich habe bis dato kein Wort Französisch gesprochen – außer dem, was mir Nicola Karabatic, Thierry Omeyer und Daniel Narcisse in Kiel in der Kabine beigebracht hatten. Isi konnte Französisch und hat es schnell wieder fließend gesprochen.

Ich habe in Nantes im Rückblick extrem viel gelernt. Vor allem, man muss alle Informationen sammeln. Wie bei einem Feuerwehreinsatz. Auch deswegen ist uns durch die klare Priorisierung die Entscheidung mit dem letzten Quäntchen Emotion in der Verhandlung und dem Spruch des Präsidenten »Wir wollen es mit dir in die Champions League schaffen« leichtgefallen. Zu guter Letzt sind wir mit einem guten Gefühl in Richtung Nantes gefahren.

Was danach passiert ist und wie wir die Entwicklung privat wie beruflich geschafft haben, war eine einzige Erfolgsgeschichte mit einem steinigen Trainings- und Familienalltag. Wir haben eine Au-Pair aus Kiel mit nach Nantes genommen, die unseren Sohn bereits kennengelernt hatte und deren Familie wir kannten. Das

war gut so, denn von Anfang an war bei uns ein voller Trainings-
rhythmus angesagt, und unser Sohn sollte gut betreut werden.
Er sprach nach mehreren Monaten nahezu fließend kindliches
Französisch. Auch das war beeindruckend und ein Lohn für unsere
Entscheidung.

Wie ich mich dann auf eines meiner wichtigsten Spiele und
vor allem auch letzten Spiele in meiner Karriere vorbereitet habe,
zeigt die folgende situative Entscheidung auf dem Spielfeld.

**» Dort hat man wie im Feuerwehreinsatz
keine Zeit zum Nachdenken, sondern muss
Automatismen auslösen, die trainiert und
extrem handlungssicher sind.**

Und manchmal muss man einfach etwas anderes machen, um
Erfolge zu erreichen, die keiner für möglich gehalten hätte.

- Spitzenhandball für Frauen und Männer in einer Stadt oder Region

- Rolle und Mannschaftsgefüge müssen passen

- Bestes spo[rt]liches Angeb[ot] für mich

- Deutscher Standort

Standort

Norden, Ausland, Süddeutschland

Verein

Langjährige Partnerschaft, extremer Erfolg Entwicklung sehen, selbst beitragen, Teil von Entwicklung sein

Familie

Nähe, Distanz, mithelfen Alltag, letzter beruflicher Schritt als Spieler

Einsatzstichwort: Arbeitgeberwechsel

Arbeitgeberwechsel

Bemerkung: Langjährige Zusammenarbeit wird sehr wertgeschätzt. Nächster Schritt & Weiterentwicklung

Herausforderung

Familienleben mit Spitzensport verbinden, kleinen Sohn gut betreut wissen, aktiv Verantwortung übernehmen (in Verein & Mannschaft, Ausland, Sprache)

11.00 Uhr

Küchentisch

Sonnig

PROBLEMANALYSE ⊙

Strategisch entscheiden

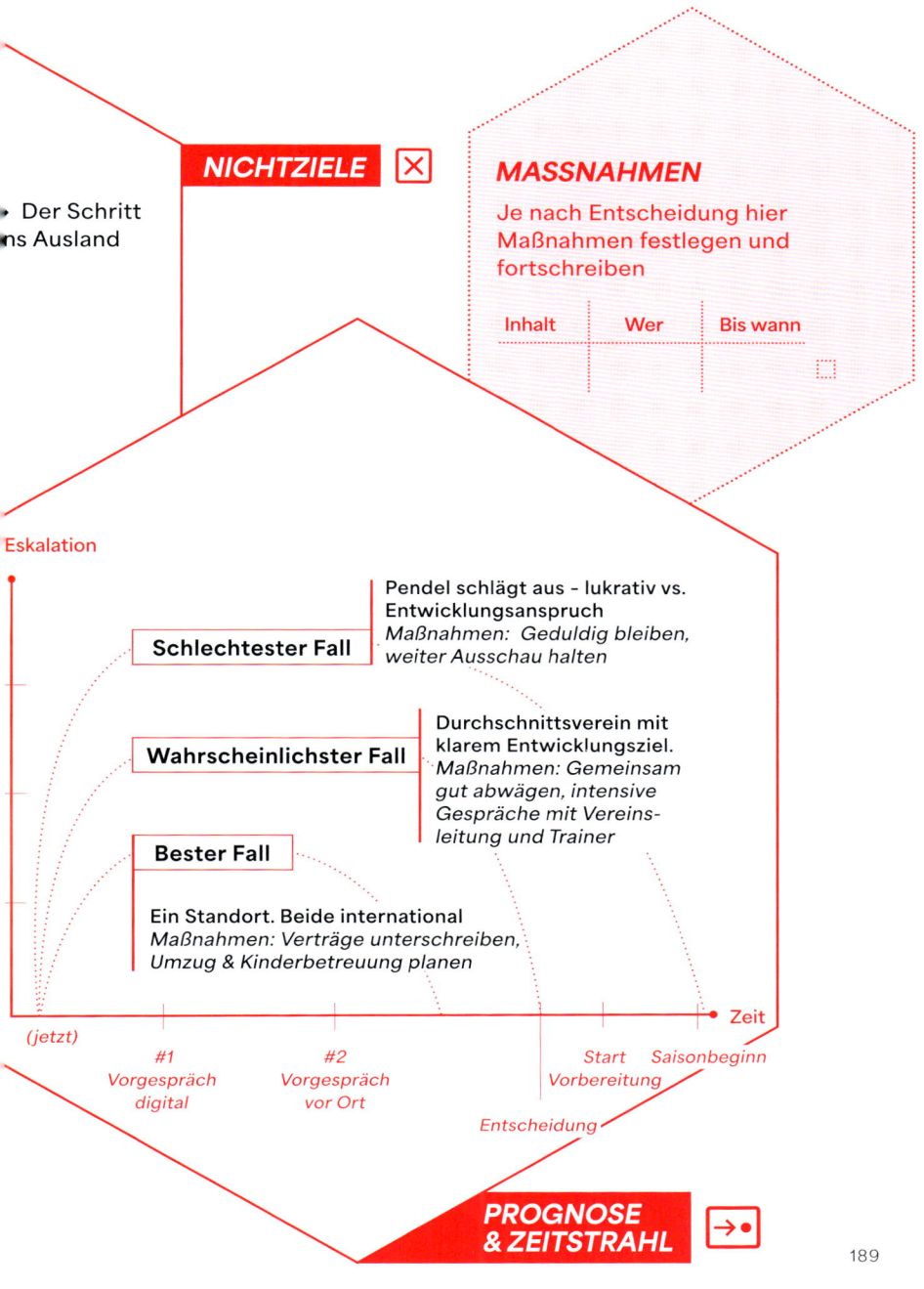

NICHTZIELE ☒

▸ Der Schritt
ns Ausland

MASSNAHMEN

Je nach Entscheidung hier
Maßnahmen festlegen und
fortschreiben

Inhalt	Wer	Bis wann

Eskalation

Schlechtester Fall

Pendel schlägt aus - lukrativ vs.
Entwicklungsanspruch
*Maßnahmen: Geduldig bleiben,
weiter Ausschau halten*

Wahrscheinlichster Fall

Durchschnittsverein mit
klarem Entwicklungsziel.
*Maßnahmen: Gemeinsam
gut abwägen, intensive
Gespräche mit Vereins-
leitung und Trainer*

Bester Fall

Ein Standort. Beide international
*Maßnahmen: Verträge unterschreiben,
Umzug & Kinderbetreuung planen*

Zeit

(jetzt)

*#1
Vorgespräch
digital*

*#2
Vorgespräch
vor Ort*

*Start
Vorbereitung*

Saisonbeginn

Entscheidung

**PROGNOSE
& ZEITSTRAHL** →•

14

Einsatz
Spielfeld

Ist einfach, wenn es klappt. Eine Sofortentscheidung für einen speziellen Wurf

von Dominik Klein

Thierry Omeyer stand bei Paris im Tor, und im Pokal hatten wir gegen sie sechs Wochen vor dem Champions League Final Four in Köln verloren. Er hat an jenem Tag des Spiels um den französischen Pokal alles von mir gehalten, was man halten konnte. Ich war extrem frustriert. Was könnte jetzt den Unterschied machen, um im nächsten Spiel gegen Thierry zu performen?

👁 ALLGEMEINE LAGE

Ort: Nantes, Trainingshalle
Zeit: 08.30 Uhr
Wetter: Regnerisch, 22 °C

Einsatzstichwort: Neues Wurfbild beherrschen

Bemerkung: Es war klar, dass wir in einem entscheidenden Spiel nicht mehr oft gegeneinander spielen würden. Die nächste und letzte Möglichkeit war das Champions League Final Four in Köln. Die größte Bühne, die es im Vereinshandball gibt.

ERKUNDUNG

Frontalansicht

Es war in Nantes unser großes Ziel, in das Champions League Final Four nach Köln einzuziehen. Es war klar, wenn ich noch einmal in meiner Karriere gegen Thierry in einem entscheidenden Spiel spielen durfte, musste ich mich taktisch neu aufstellen. Ich musste Wurfbilder kreieren, die er nicht kannte von mir.

Innenansicht

Ich habe also nichts dem Zufall überlassen und mich über sechs Wochen auf dieses Spiel vorbereitet. Nach jedem Training zehn Prozent mehr als alle anderen gemacht. Zum Beispiel untypische Dreher trainiert, bis ich sie besser beherrscht habe als je zuvor. Der Dreher ist technisch sehr anspruchsvoll. Man rollt den Ball von der Hand ab, sodass er drehend auf dem Boden aufspringt und seine Richtung komplett ändert. Dadurch kommt man am langen Bein des Torwarts vorbei, und der Ball springt bei perfekter Ausführung ins Tor.

Personenbefragung

Thierry und ich waren jahrelang Mannschaftskollegen in Kiel, wir haben unzählige Spiele mit der Nationalmannschaft gegeneinander gespielt. Er für Frankreich, ich für Deutschland. Ich musste also die Dreher so perfekt beherrschen, dass nichts schiefgehen kann. Wie im Feuerwehreinsatz, wenn es um Leben und Tod geht.

Außenansicht

Wenn alles klappt. Wenn es nicht klappt, ist es peinlich, denn jeder sagt: Hättest du doch richtig geworfen, anstatt so einen Künstlertrick zu machen. Mir war dennoch klar: In solchen Situationen gilt es, den Unterschied zu machen, etwas zu tun, das man noch nie gemacht hat. Einen Wurf, der selbst für einen der besten Torhüter der Welt nicht zu halten wäre.

>> Nichts darf dem Zufall überlassen werden.

Also habe ich trainiert, wie man trainieren muss. Jeden Tag. Und als klar war, dass wir wirklich die Sensation schaffen und mit Nantes erstmalig in das Champions League Final Four einziehen würden, wusste ich, die Arbeit hatte sich gelohnt. Ich habe vor der Lage trainiert und konnte jetzt das letzte Finetuning bei diesem Wurf durchziehen.

AKTION

Für Köln war klar: Der erste Wurf muss dieser Dreher sein, auch wenn man ihn sonst nur macht, wenn man hoch führt oder den Zuschauern ein Spektakel bieten möchte. Das große Ziel war, Thierry mit einem Schockmoment zu überraschen. Und damit die Halle zum Beben zu bringen. Nur so hatten wir eine Chance als Nantes gegen Paris.

Ich habe die Chance gesehen, eine Situation auf dem Spielfeld zu schaffen, die uns ebenbürtig macht. Und die Halle mit den 20 000 Fans zum Kochen zu bringen. In der größten Handballarena der letzten Jahre. Dort, wo ich meine emotionalsten Momente mit dem Weltmeistertitel und den Final-Four-Spielen mit dem THW Kiel erlebt hatte.

Anpfiff. Wir waren im dritten Angriff. Dann war der Spielzug auf links außen angesagt. Noch 25 Sekunden bis zu diesem Moment, wo ich den Wurf machen werde. Keine Zeit, zu überlegen, keine Zeit mehr, zu trainieren, ich muss den Ball verwandeln und das Unmögliche möglich machen.

Gesagt, getan, der Spielzug läuft an, Paris verteidigt extrem stark. Es entsteht kaum Platz. Jeder Spieler von uns versucht, die Pariser Abwehr in Bewegung zu bringen und mir die entscheidende Lücke am Ende zu öffnen. Paris ist allerdings eine der besten Mannschaften der Welt. Sie sind richtig stark in dieser Anfangsphase. Im Endeffekt gibt es keinen einzigen Zentimeter Platz, sondern nur Millimeter, die geschaffen werden können.

Für mich war es bald erledigt, dass ich in eine realistische Wurfsituation kommen würde. Dann bekommt ein Mittelspieler einen aggressiven Schlag auf die Brust. Er schwankt, kann den Ball aber noch auf halb links spielen. Mein Mitspieler kann den Ball ebenfalls gerade noch fangen und wird direkt vom Pariser Außenspieler aggressiv angegangen. Er kann sich nicht mehr bewegen und macht dann etwas, das sehr viel Selbstvertrauen erfordert. Er spielt einen Rückhandpass auf mich auf außen. Ich stehe nur einen Meter vor der Linie des Kreises. Was bedeutet, dass ich keinen Anlauf mehr haben werde. Nur noch einen Schritt.

Plötzlich habe ich den Ball und muss entscheiden: Nehme ich diesen Wurf, ohne wirklich Anlauf gegen einen der besten Torhüter der Welt zu haben, oder warte ich ab und spiele den Ball zurück, um in eine bessere Wurfposition zu kommen?

Ich habe Millisekunden Zeit. Ich habe den Ball in der Hand und ziehe durch. Ich nehme den einen Schritt Anlauf und springe ab. Kein Megasprung und auch keine Zeit in der Luft, auf den Torhüter zu achten, in welches Eck ich werfe. Ich muss intuitiv handeln mit meiner gesamten Erfahrung und dem Training der letzten Wochen. Ich ziehe den Wurf an, um alle Wurfoptionen zu haben. Und dann, kurz bevor ich den Boden wieder berühre, dreht mein Handgelenk auf und feuert den Ball maximal drehend in das lange Eck des Tores.

Ich sehe schon bei der Landung, wie die Augen von Thierry groß werden und er völlig verwundert ist, was gerade passiert ist. Der Ball springt auf und dreht sich perfekt in das Tor. Ich lande und lasse die aufjubelnde Halle wissen, dass der Sieg heute nur über uns geht. Zurücklaufend in die Abwehr, lasse ich den Emotionen freien Lauf.

Die Halle mit 20 000 Zuschauern ist aus dem Häuschen. Zu Spielbeginn einen derartigen Wurf gegen diesen Torhüter zu machen, ohne Anlauf und richtigen Sprung, war verrückt. Für mich allerdings nicht. Denn ich war zu 100 Prozent handlungssicher durch mein Training in den Wochen zuvor. Daher war für mich das Risiko gut einschätzbar.

Deshalb ist es für mich ein passender Vergleich mit einem Feuerwehreinsatz. Schnelle, intuitiv getroffene Entscheidungen müssen trainiert und in klaren Ablaufprozessen abgestimmt sein.

» Sonst hat man nicht die notwendige Sicherheit, um diesen einen Wurf in dieser einen Situation gegen diesen einen Gegner zu machen und vor allem zu verwandeln.

Sofort
entscheiden

8.30 Uhr   *Nantes,*   *Regen*
                Trainings-   *22 °C*
                halle

ERGEBNIS

→ *viel Training täglich*
→ *erfolgreicher Wurf aus*
  schlechter Position
→ *klares Zeichen zu Spielbeginn:*
  »Sieg geht nur über uns«!

KOMMUNIKATION
Aufträge, Befehle,
allgemeine Informationen je
nach Rolle/Funktion in der Lage

Ich hab das für mich fixiert und
ausgemacht, nach jedem Training
habe ich zig Würfe extra gemacht,
mit Torhüter, mit Stangen,
mit sonstigen Zielen, die Torhüter
wussten Bescheid, dass ich
on top Würfe trainieren will

! KOMMUNIKATION

FRONTALANSICHT
Wenig Chancen zukünftig, letzte Chance in Köln bei Final Four Champions League, Wurfbild: neue Inhalte

PERSONENBEFRAGUNG
Die betroffenen Personen sind Thierry und ich. Ich muss ihn überlisten mit etwas, was er nicht kennt. Wir waren jahrelang Mannschaftskollegen und zigfach Konkurrenten in Länderspielen GER-FRA

INNENANSICHT
Blick in mich hinein, meine Situation, für mich untypisch ist, Dreher zu werfen

AUSSENANSICHT
Ist einfach, wenn es klappt, wenn es nicht klappt, wird es peinlich

BEURTEILUNG

Wir kennen uns in- und auswendig, niemand kann dem anderen etwas vormachen, es muss etwas Neues sein, mit dem keiner rechnet! Ich muss es beherrschen! Nur ein bisschen üben und anwenden reicht nicht - beherrschen ist Grundvoraussetzung!

Ich trainiere jeden Tag zehn Prozent mehr, ich entwickle einen Dreher in Perfektion. Der Wurf muss beherrscht sein, ich muss ihn in jeder Situation werfen können

BEURTEILUNG
Erfolgsaussicht, Sicherheit, Schnelligkeit, Aufwand und Gesamtwirkung

ENTSCHLUSS
Ziele, Einsatzschwerpunkte, Einteilung der Kräfte, Bewegungsabläufe und Ordnung des Raumes

ENTSCHLUSS

15

Lagecockpit

Wie man mit Vorlagen eine Lage fortschreiben kann

Nachfolgend zeige ich Ihnen beispielhaft, wie sie Projekte, Produkte oder Marktentwicklungen mit Werkzeugen der Gefahrenabwehr auf einfachste Art und Weise darstellen können – inklusive weiterem Verlauf. Wie in einem Lagezentrum werden Situation und Lage fortgeschrieben. Gleichzeitig unterstützt es das Verständnis zwischen Außenstehenden, die neu hinzukommen, Teammitgliedern, Vorgesetzten und Partnern, um Reibungsverluste zu verhindern. Auch Übergaben oder Schichtwechsel werden einfach und in kürzester Zeit möglich.

» Um Situationen und Szenarien nicht nur einmal, sondern fortlaufend beurteilen zu können, und die Entwicklung der Situation uf einfache Weise zu visualisieren, ist ein kleines Lagecockpit empfehlenswert.

Zum Beispiel mit einer Pinnwand, einem Flipchart oder Whiteboard. Auch in digitaler Form bei internationalen Teams.

Bitte denken Sie immer im Uhrzeigersinn, das heißt, von links nach rechts. Starten Sie links mit der allgemeinen Lage und den Zahlen, Daten, Fakten zu ihrem Thema, Szenario, Projekt oder Produkt. Verlieren Sie keine Zeit, die Thematik zu erläutern, egal, wo sie stehen oder wo sie vielleicht noch nicht stehen. Schlagworte, Zahlen, Daten und Fakten reichen völlig. Im Optimalfall werden sie visualisiert mit einfachen Symbolen.

Keine Präsentationen, jeder sieht transparent und selbsterklärend, welche Problemsituation vorliegt, welche Ziele und Nichtziele aktuell gesetzt sind und wie Zeitstrahl und Prognose aussehen. Innerhalb von Sekunden. Ein Bild sagt auch hier mehr als tausend Worte – dank einfacher Visualisierung.

Insbesondere bei einfachen Lagen, die später aufwachsen können oder durch die Kombination von mehreren Situationen plötzlich komplex werden, ist es überragend, von Anfang an in einer Systematik relevante Informationen erfasst zu haben.

>> Sie kennen es ja bereits: Nicht hinter die Lage geraten, sondern immer davor bleiben.

Versuchen Sie es in allen Skalierungsgrößen – vom Blatt Papier bis zu einem Raum mit mehreren Flipcharts oder Pinnwänden. Hier kommt die Blaupause, mit der ich in der Gefahrenabwehr sehr gute Erfahrungen gemacht und die ich in echten Einsätzen immer wieder weiterentwickelt und eingesetzt habe.

⊙ ALLGEMEINE LAGE

Ort: _____

Zeit: _____

Wetter: _____

Einsatzstichwort: _____

Bemerkung: _____

Fakten: _____

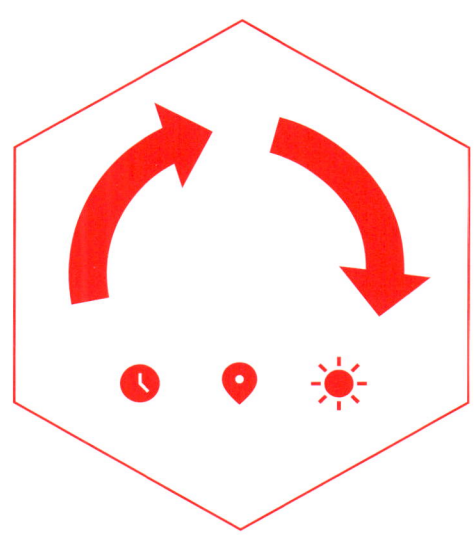

PROBLEMANALYSE
KNACKPUNKTE

ZIELE

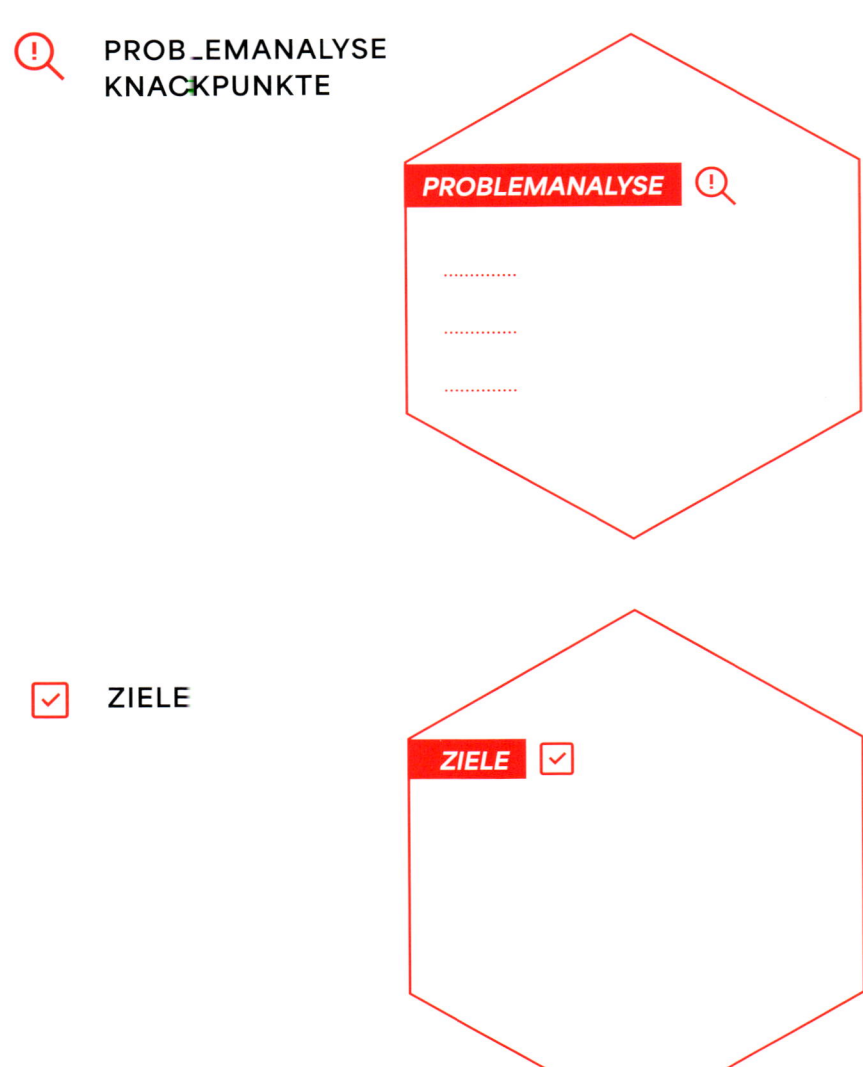

NICHTZIELE

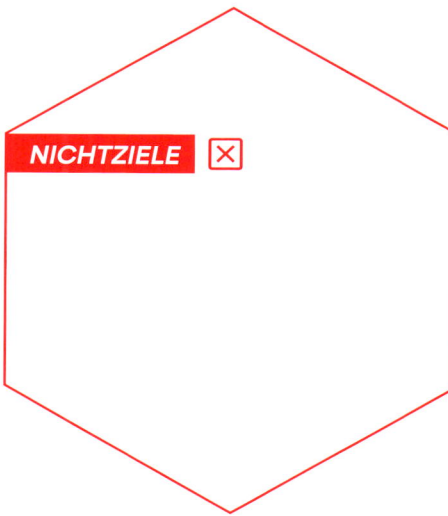

ZEITSTRAHL UND PROGNOSE

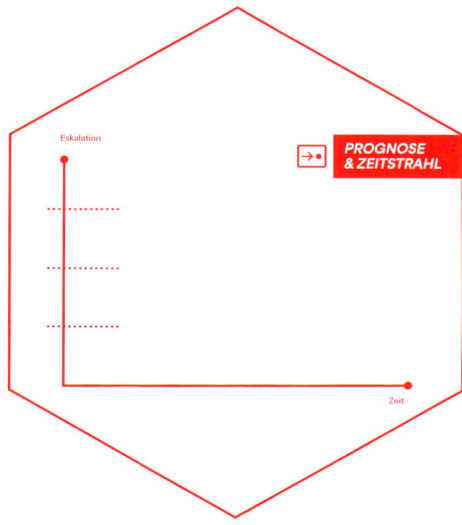

MASSNAHMEN

Sie können damit beliebig variieren und kombinieren, so wie es Ihre Ausstattung und Ihre Wahrnehmung erfordern.

» Ziel ist es, eine Situation schnell und einfach aufzuarbeiten, mit klarer Methode und Visualisierung so einfach zu gestalten, dass sie jeder verstehen kann.

Für Themenanalysen oder Entscheidungen, die Sie persönlich für sich durchgehen, sind ein Blatt Papier oder eine neue, weiße Notizseite in ihrer digitalen Anwendung ausreichend.

Das Fortschreiben einer Lage ist wiederum sehr wichtig in Situationen, die sich langsam entwickeln. Oder auch in Projekten, die Sie Schritt für Schritt entwickeln.

Ein Klassiker in der Feuerwehrwelt ist die Beurteilung und das Fortschreiben einer Unwettersituation. Diese starten meistens mit einer kritischen Wetterprognose oder einer Unwetterwarnung am Tag davor. Wodurch man noch einige Stunden zur Verfügung hat, mögliche Maßnahmen vorzubereiten. Immer wieder hat man aber nach einer kurzfristigen Unwetterwarnung auch nur 30 bis 90 Minuten Zeit. Dann gilt es, die standardisierten Abläufe mit den aktuell vorliegenden Risiken (Veranstaltungen, Events, Verkehr, parallele Ereignisse, Einsatzlagen etc.) abzugleichen.

» Notwendige Maßnahmen und Entscheidungen sind vorzubereiten, bevor eine mögliche Lage eintritt. Man verliert sonst zu viel Zeit und läuft der Lage hinterher.

Das bedeutet nicht, dass man in Hektik verfällt, sondern sich wiederum volle Pulle, ganz gemütlich einen Zeitvorteil verschafft. Man hat in der Gefahrenabwehr regelmäßig nur wenige Minuten Zeitvorteil. Diese bringen jedoch schon enorme Vorteile.

Dahinter steht nicht immer eine komplexe Problemanalyse. Manchmal sind es banale Dinge, die kritische Situationen einfacher gestalten lassen, indem man die Zeit nutzt, die einem zur Verfügung steht.

Dieses Beispiel soll zeigen, dass es nicht immer das große Krisenmanagement- oder Projektteam oder eine Geschäftsleitung braucht, nein, manchmal hilft eine einzelne Person, die sich Gedanken macht oder wichtige Anrufe bei Ansprechpartnern zu laufenden Parallelereignissen macht. Dann weiß man schneller und besser, ob alles funktioniert, wenn Fall X eintritt oder man mit weiteren Auswirkungen rechnen muss.

Läuft die Lage an, können Sie auf dem Zeitstrahl die Prognose immer weiterführen. Jede halbe Stunde, jede Stunde, jede Woche jeden Monat. Je nach Dynamik, die ihre betreffende Situation erfordert. Man ist auch auf alle Entwicklungen, Richtungsänderungen und Einflüsse vorbereitet und kann bestens agieren.

» Ich spreche bewusst von Agieren, aktiv Einfluss nehmen und Wirkung erzielen. Um die Situation möglichst zügig wieder in den Regelbetrieb zu bringen.

Je länger im Ausnahmezustand gearbeitet wird, desto mehr Probleme können sich anhäufen. Deswegen ist es immer das Ziel in der Gefahrenabwehr, das System einer Gemeinde, Stadt oder Großstadt gezielt, messbar und zügig wieder in den Regelbetrieb zu bringen.

FESTLEGEN VON ESKALATIONSSTUFEN FÜR EINE EINHEITLICHE DARSTELLUNG UND BEURTEILUNG

Damit Sie eine Situation einheitlich beurteilen und wissen, unter welcher Belastung oder Herausforderung alle Beteiligten am Werk sind. Wir unterscheiden die Eskalationsstufen:

Regelbetrieb (grün)

Hier laufen die Alltagsprozesse wie geplant. Im Unternehmen sind das zum Beispiel Produktionsprozesse, personelle und finanzielle Abläufe, Lieferungen von Material sowie der Versand von Produkten.

In einer Leitstelle von Feuerwehr und Rettungsdienst bedeutet Regelbetrieb, dass Notrufe zeitgemäß abgenommen, Einsatzmittel disponiert werden und zur Verfügung stehen. Dies gilt für Rettungsdienst- und Feuerwehreinsätze, die keine besonderen Auswirkungen auf das Gesamtsystem haben.

» Keine besonderen Auswirkungen bedeutet: Einsatz wie geplant und danach wieder einsatzbereit.

Störung (gelb)

Eine Störung bezieht sich auf Ereignisse, die eine Organisation, Abteilung oder ein Team selbstständig lösen kann und die in seiner Zuständigkeit liegen. Das Problem wird selbstständig gelöst.

Gleiches gilt in der Gefahrenabwehr. Für einen Feuerwehreinsatz, der keine anderen Partner benötigt wie Polizei, Rettungsdienst, Energieversorger oder ÖPNV. Der Lagedienst in der Leitstelle muss nicht tätig werden. Er bekommt die Meldung zur Information, um aktiv monitoren und bei Bedarf unterstützen zu können.

Ein Tätigwerden von Geschäftsführung oder Lagedienst ist nur notwendig, wenn mehrere Störungen in mehreren Bereichen auftreten. Diese müssen nicht direkt miteinander zu tun haben. Zu viele Störungen innerhalb einer Organisation können zu erheblichen Auswirkungen bis hin zu einer Notfallsituation führen.

Deshalb ist es so wichtig, sich Störungen anzeigen zu lassen, davon Kenntnis zu haben und vor der Lage zu bleiben. Es passiert eben nicht schlagartig. Es mündet schrittweise in eine Situation, die nicht mehr bewerkstelligt werden kann.

Zeitlich ist der Aufwand übersichtlich und mit »einer bis wenige Stunde(n)« sehr übersichtlich.

» In den meisten Fällen kommt es zu einer speziellen Kombination von Ereignissen, die sich gegenseitig beeinflussen.

Notfall (rot)

Notfälle sind kritische Situationen, in denen mehrere Partner zusammenarbeiten müssen, um die Problematik zu lösen.

In der Gefahrenabwehr liegt dann ein Notfall vor, wenn Menschen in Gefahr sind. Oder wenn mehrere Partner notwendig sind. Die Feuerwehr muss retten und befreien. Der Rettungsdienst muss medizinisch versorgen und Betroffene transportieren. Die Polizei muss Spuren sichern und Ermittlungen durchführen.

Fragen Sie sich deshalb immer, wer notwendig ist, um einen Notfall zu lösen. Die Regel lautet: Lieber eine Stunde im Notfallbetrieb statt Tage und Wochen einen Notfall mit sich schleifen und verwalten. Das gilt genauso für Firmen, Teams und Organisationen.

Ein Notfall ist zeitlich immer abschätzbar, kann aber mehrere Stunden oder Tage in Anspruch nehmen.

» Hinzu kommt: Immer informiert sein und jede Eskalation bewusst einbeziehen.

Krise (violett)

Krisensituationen sind unklare Situationen, die plötzlich oder schleichend eintreten. Weder Aufwand noch Zeitbedarf sind wirklich abschätzbar. Zuerst muss erfasst werden, um was es eigentlich geht. Eine große Herausforderung aufgrund der Unklarheit in allen Belangen.

Beispiele sind ein Flugzeugabsturz in einem Wohngebiet oder ein Amoklauf. Dies sind völlig unklare Situationen, die man nicht sofort erfassen kann. Es ist selbstverständlich, dass man viele Partner benötigt, um allein das Ausmaß der Krise erfassen zu können.

Stellen Sie die Informationswege sicher, damit alle Störungen und Notfälle zuverlässig gemeldet werden. Daraus ergibt sich eine einfache Kurve, in welchem Zustand sich ihr System aktuell befindet. Durch die Prognosen wird klar, in welche Richtung es weitergehen wird oder könnte.

» Ziel ist es, alle Einflussfaktoren und kritischen Punkte auf einem Chart abgebildet zu haben.

Hauptziel ist immer, den Regelbetrieb sicherzustellen. Bei Störungen führen Sie Ihr Team, System oder Organisation möglichst umgehend zurück in den Regelbetrieb. Fördern Sie aktiv selbstständiges Arbeiten und lösen Sie Probleme dort, wo sie entstehen. Lassen Sie Entscheidungen nur treffen, wo sie notwendig sind und Kompetenz verlangt wird. Optimieren Sie ihr Team von innen heraus.

So entsteht ein resilientes und widerstandsfähiges Team, das sich so schnell nicht unterkriegen lässt. Menschlich und sozial, fachlich und organisatorisch zusammengeschweißt. Auch das verlangt Mut zur Umsetzung. Trauen Sie sich und machen Sie den ersten Schritt. Probieren Sie es aus und passen Sie es an.

Fördern Sie die Kommunikation und vor allem das über den Tellerrand schauen, um gemeinsam zu lernen und voneinander zu profitieren. Vielleicht hat ein benachbartes Team einen Tipp, wie zukünftige Stör- oder Notfälle verhindert werden können.
Und ganz wichtig: Jeder kritische Einsatz wird nachbesprochen. Es ergeben sich immer neue Lernpunkte, selbst, wenn es für manches Teammitglied die zehnte Situation mit ähnlich gelagerter Problemstellung war. Sie schaffen einen aktiven Austausch zwischen

Theorie und Praxis. Personen mit weniger Erfahrung setzen im Normalfall auf mehr Theorie (Methodik). Personen mit mehr Erfahrung hören mehr auf die Praxis (Bauchgefühl).

Das Alter der Personen ist davon völlig unabhängig. Eine 60-jährige Person, die erstmalig in einer Situation ist, hat weniger Erfahrung als eine 25-jährige Person, die schon das dritte Mal in dieser Situation ist.

» Es gibt nicht die eine Situation oder die eine Lösung.

Es gibt nur die Lösung im Team. Wenn die Richtigen integriert sind. Sie müssen unterschiedliche Konstellationen zulassen. Denn nicht jede Entscheidung kann durch dieselben Personen auf gleichem Niveau erledigt werden.

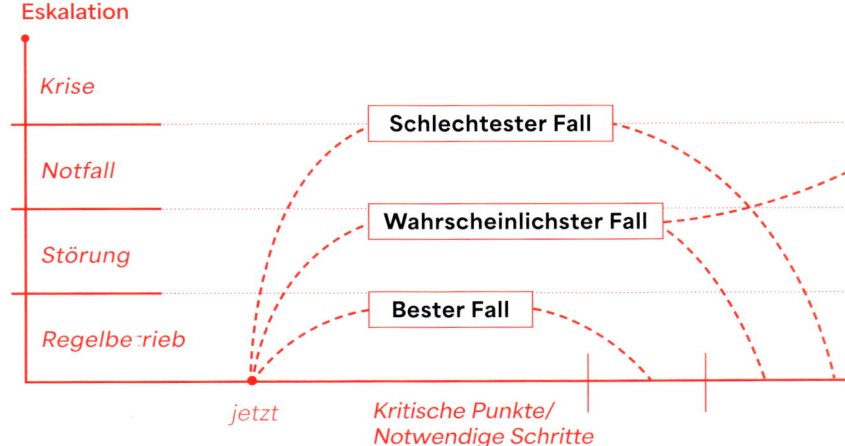

Entscheiden Sie die Situation immer zum Zeitpunkt der Entscheidung. Berücksichtigen Sie die verfügbare Performance und Erfahrung des Personals sowie dessen Ausstattung. Die Komplexität der Situation ist abhängig von menschlichen Faktoren. Derjenige, der entscheidet, hat womöglich wenig Erfahrung, hat nachts um 2:00 Uhr andere Anforderungen an die Situation wie morgens um 10:00 Uhr.

Deshalb ist es so wichtig, die Situation ganzheitlich zu betrachten und die dazugehörigen Faktoren zu berücksichtigen.

❯❯ Wir müssen aufhören, in Null und Eins zu denken.

Wir agieren in der realen Welt. In einer analogen Welt, in der es um Menschen geht, muss man mit menschlichen Faktoren arbeiten und vor allem das Potenzial nutzen, das nur der Mensch besitzt!

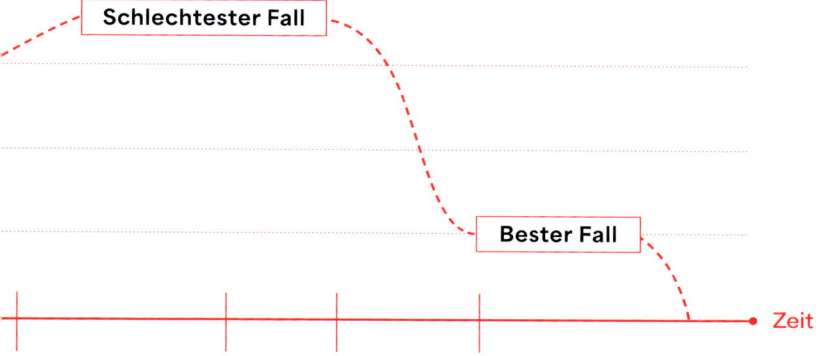

16

Meine schwierigsten Entscheidungen

Drei Feuerwehrfälle mit Überraschungen

Meine schwierigsten Entscheidungen entstehen, wenn ich nicht alle Informationen zur Hand habe, die ich brauche. Erinnern Sie sich an den im Buch bereits beschriebenen Dehnfugenbrand.

DEM BAUCHGEFÜHL NACHGEHEN. MIT GESUNDEM MENSCHENVERSTAND ENTSCHEIDEN

Eine ähnliche Situation, ebenfalls bei einem Fugenbrand, bildete sich, als nirgendwo Löschwasser ausgetreten ist. Es handelte sich um ein Bürogebäude mit unterschiedlichen Nutzern, Firmen, einer Anwaltskanzlei und diversen Startups. Mir war schleierhaft, wie kein Löschwasser austreten konnte. Wir hatten zwar bestens gearbeitet und sehr sauber vor den Bohrungen noch Folien ausgelegt. Die Haustechnik und die Hausmeister hatten uns herausragend unterstützt. Es lief wie am Schnürchen. Irgendetwas aber stimmte nicht.

Ich habe mehrere Erkundungsrunden gedreht und letztlich einen Raum entdeckt, der eigentlich aus Ritzen, Fugen oder Steckdosen einen Wasseraustritt haben müsste. Und jetzt wurde das Problem zum richtigen Problem: der Raum beherbergte nämlich besondere archivierte Unterlagen und durfte nur von einzelnen Personen in Ausnahmefällen betreten werden.

Der Raum wurde unter Aufsicht geöffnet und tatsächlich entdeckten wir genau dort einen Rohrdurchbruch mit austretendem

Wasser. Im letzten Moment konnten wir einen größeren Schaden verhindern. Mit Wassersaugern wurden die Pfützen schnell und sicher beseitigt. Wir übergaben schließlich die Aufsicht an das unterwiesene Hausmeisterteam, falls noch Wasser nachtropfen sollte.

Insgesamt waren an dieser Entscheidungsfindung 23 Kollegen beteiligt. Alle hatten ein Ziel: Jedes Detailproblem scannen und die dahinterliegende Frage beantworten. Denn jedem war klar, dass irgendetwas nicht stimmen konnte. Und gerade, da es so gut gelaufen ist, hätte man sich doppelt und dreifach geärgert, wenn der starken Teamleistung ein nicht entdeckter Wasserschaden einen deutlichen Dämpfer gegeben hätte.

» Sich vollumfänglich kümmern schlägt Pflichtbewusstsein.

Deshalb gilt für mich der Leitsatz: Wenn sie etwas wissen wollen, gehen Sie dahinter. Wenn Sie ein schlechtes Bauchgefühl haben, beweisen Sie es über Problemanalyse, Ziele, Nichtziele, Zeitstrahl und Prognose.

Wenn Sie kritische Punkte eingezeichnet haben sowie den besten, den wahrscheinlichsten und den schlechtesten Fall formuliert haben, fällt es Ihnen im Normalfall leicht, die nächsten Schritte festzulegen und zu definieren. Oder wie im oben beschriebenen Fall den Knackpunkt vor Ort zu finden, weil klar ist, dass es ihn geben muss.

AUSSERHALB DER EIGENEN ZUSTÄNDIGKEIT ENTSCHEIDEN

Eine zweite Gruppe schwieriger Entscheidungen bezieht sich auf Situationen, in denen man nicht im eigenen Zuständigkeitsbereich und in eigener Hoheit entscheiden kann. Ein Beispiel: Wenn es bereits einen Einsatzleiter vor Ort gibt, ist die Rolle klar, welche man hat. Man ist beispielsweise Einheitsführer einer Sondereinheit, die zur Unterstützung angefordert wurde. Alle machen ihren Job getreu der jeweiligen Rolle.

>> Unbedingt nur die Rolle des Moderators einnehmen und aktiv fragen.

Die Offenheit, die man empfängt, ist enorm, insbesondere, wenn die Einsatzsituation kritisch ist. Von Beginn an sollte man immer kooperativ Hilfestellung anbieten. Das ist eigentlich in der Feuerwehrwelt selbstverständlich, wenn einem etwas Kritisches auffällt.

Sie merken, es geht um die kritischen Punkte, nicht um Kleinigkeiten oder Alternativen. Es geht um die entscheidenden, kritischen Punkte. Hier ziehen alle an einem Strang und denken mit.

Diskussionen entstehen nur bei unwichtigen Themen. Jeder kennt das Gequatsche um Nebensächlichkeiten in Besprechungen, die eigentlich keine Auswirkung haben. Im Büroalltag passiert das ebenso wie bei der Feuerwehr. Sicherlich weniger als in anderen Branchen, aber immer, wenn kein klares Ziel, Nichtziel oder Auftrag vorliegt.

Keine Frage: Wir stecken alle regelmäßig viel zu tief im Detail und geraten durch Diskussionen in Konflikte, die völlig unerheblich für die eigentliche Sache sind. Vielleicht eine der Schwächen unseres deutschen Präzisions- und Maschinenbautalents.

» Bei entscheidenden Punkten ziehen alle an einem Strang.

Wie das folgende Beispiel einer sich zuspitzenden Situation sehr gut zeigt Nach starken Regenfällen steigen die Pegel eines Weihers schnell an. Aus dem Weiher fließt das Wasser über einen Bach ab. Dadurch ist im Normalfall gewährleistet, dass die natürliche Regulation zwischen Pegel und Abfluss funktioniert und der Pegelstand nie so hochsteigt, dass er das Wirtshaus am Ufer des Weihers gefährden könnte.

Wir wurden mit einer Spezialeinheit für Pumpensysteme zur Wasserförderung angefordert, um schnellstmöglich große Wassermengen zu fördern. Das Technische Hilfswerk und weitere Feuerwehren waren ebenfalls im Einsatz mit Großpumpen.

Vor Ort konnte man den Pegelanstieg mit bloßem Auge beobachten. Der Pegel stieg innerhalb von Minuten an. Nur geringe Veränderung, als alle Großpumpen mit voller Leistung arbeiteten.

Dass die Pumpen möglicherweise keine Wirkung haben könnten, war der Worst Case. Den ich in der 8-Minuten-Entscheidungsmethode bereits als Option erwartet hatten. Aus Sicht der Einsatzleitung wurden alle technischen Mittel eingesetzt. Doch das Abpumpen reichte nicht aus. Es war klar, dass man die Ursache stoppen musste. Die Pumpen linderten nur die Symptome. Doch was war die Ursache? Wir können keinen Regen oder Wasser stoppen, das aus einem moosigen Hang treten.

» Wie aber starke Regenfälle stoppen? Die großflächigen Wälder und Moose im Umfeld konnten nichts mehr aufnehmen.

Die Ursache für den schnell ansteigenden Pegel war nicht der stockende Wasserabfluss, sondern eine Baumaßnahme am Abfluss. Dort waren Spuntwände ohne Berücksichtigung einer Hochwassersituation eingeschlagen worden. Wären sie 30–50 Zentimeter tiefer eingeschlagen worden, hätte das Wasser diese im Hochwasserfall überspülen können, und der Pegel hätte das Wirtshaus nicht erreichen können.

So waren die Spuntwände zirka zehn Zentimeter über der Fußbodenoberkante des Gasthauses. Inzwischen stand der Biergarten bereits unter Wasser und der Pegel stieg weiter. Der Druck nahm kontinuierlich zu. Es war klar, wir müssen die Spundwand ziehen oder eine Öffnung schaffen, damit das Wasser abfließen kann.

Da das Wasser bereits bis zur Oberkante der Spundwände stand, musste jetzt von der trockenen Seite mittels Drehleiter und Werkzeug parallel gearbeitet werden. Dabei war nicht absehbar, mit welcher Schneidetechnik man die Spundwand am besten geschnitten bekommt. Durch das ansteigende Wasser wurde die Wärme für ein Schweißschneidverfahren sehr schnell abgeführt. Hinzu kommt, dass das dicke Stahlmaterial grundsätzlich nicht einfach zu schneiden ist. Gleichzeitig musste die Last des Wassers berücksichtigt werden.

Ergebnis: Anstatt einer großen Öffnung, die ursprünglich gedacht war, wurden mehrere kleine Öffnungen geschaffen. Die Kante des Weihers stand nur noch drei bis fünf Zentimeter unterhalb der Fußbodenkante. Da hatten wir es geschafft die Öffnungen in der

Spundwand zu schaffen. Parallel liefen die großen Pumpen auf Volllast und leiteten die Wassermengen um die Spundwand herum in den Bachablauf. Weitere Tausende Liter Wasser konnten durch die geschaffenen Löcher in der Spundwand entweichen. So konnte das Wirtshaus gerettet werden vor einem massiven Wasserschaden. Aufgrund historischer Holzbauweise hätte es womöglich den Totalverlust des Wirtshauses bedeutet.

Für mich sind solche Situationen besonders knifflig, da man nicht wie gewohnt den Hut aufhat. Verantwortlich für komplexe Einsatzlagen zu sein, ist inzwischen normal für mich. Diese messbar im Griff zu haben, ist mein Anspruch. Bei externen Einsatzsituationen hat man vielleicht Informationen oder Erfahrungen, die man beitragen kann. Dies kann allerdings schnell falsch verstanden werden. Besserwisserei braucht niemand in solchen Situationen. Jeder gibt bereits sein Bestes. Deshalb bin ich immer gut damit gefahren, kooperativ Unterstützung anzubieten.

Auch in der beschriebenen Situation hat sich wieder gezeigt, wie im Team beziehungsweise in der Gruppe gemeinsam Informationen und Ideen zur Lösung führen können. Eine allein hätte die Gesamtsituation in der Geschwindigkeit nicht erfasst. Das Wirtshaus wäre dem Ereignis zum Opfer gefallen, hätte es hier eine One-Man-Show gegeben, ohne das Wissen und die Ideen der Gruppe zu nutzen. Zu jederzeit war jedem klar, wer welche Rolle innehatte. Niemand hat eine andere Rolle unaufgefordert eingenommen, sondern seine umgesetzt und vom Erfahrungswissen eines anderen profitiert.

BRANDURSACHEN ERKENNEN.
DIE NADEL IM HEUHAUFEN

Ein drittes Fallbeispiel aus dem Einsatzleben zeigt, wie schwierig es ist, Entscheidungen zu treffen. Es betrifft die Situation an einer großen Klinik. Dort wurden Rauchentwicklung und Brandgeruch gemeldet. Die ersten Kräfte, die in der Station eintrafen, in der der Feuermelder gedrückt wurde, berichteten von leichtem Brandgeruch im Obergeschoss der Klinik. Es konnte zunächst keine Ursache gefunden werden.

》 Das Suchen eines Brandes gehört zu den unbeliebtesten Aufgaben der Feuerwehr.

Das Problem: Es kann durchaus sein, dass nichts ist. Doch wer unterschreibt, dass nichts ist? Wir suchen mit mehreren Einheiten alles ab. Einsatzleitung, Haustechnik, der diensthabende Chefarzt und ich beratschlagen. Welches Szenario hätte welche Auswirkungen? Wir arbeiten bewusst, vor die Lage zu kommen und auf dem Zeitstrahl zu prognostizieren, um je nach Rückmeldung der Einheiten aus den Stationen und Klinikbereichen sofort agieren zu können und vorabgestimmt zu sein.

50 Minuten lang suchen wir an verschiedenen Orten, erhalten unterschiedliche Informationen. Mal mehr, mal weniger Brandgeruch. Seit 30 Minuten allerdings keine Rauchentwicklung mehr. Nur leichter Brandgeruch. Wir können über geöffnete Fenster lüften, haben dann allerdings keinen Geruch mehr.

Wir entscheiden, nach 50 Minuten noch einmal zu lüften und zu schauen, ob Brandgeruch nachzieht. Ist da möglicherweise noch irgendwo ein Glimmbrand oder eine sonstige Brandquelle aktiv, welche enorme Mengen giftiger Brandgase unentdeckt freisetzen kann?

Nach dem Lüften warten wir 15 Minuten, ob wir etwas wahrnehmen. Wenige Minuten, bevor die finale Lagebesprechung beginnen soll, meldet ein Feuerwehrmann, dass er in einem Lichtschacht Laub und Müllreste gefunden habe. Diese glimmen schwach. Eventuell eine unvorsichtig weggeworfene Zigarette? Die Rückmeldung ist Gold wert, um Rückschlüsse auf die bisherigen Entwicklungen zu ziehen. Es wird klar, dass es sich hier um die Brandquelle handelt. Aufgrund der Wettersituation konnten Geruch und Rauch über ein geöffnetes Fenster eines Patientenzimmers eindringen. Deswegen kam es zu einer Meldung im vierten Obergeschoss, obwohl der Lichtschacht im Erdgeschoss liegt.

Man schüttelt hier sofort den Kopf. Keiner konnte die Ursache auf Anhieb erkennen. Einfach eine verrückte Situation. Glücklicherweise sind keine Personen zu Schaden gekommen und kein größerer Schaden am Gebäude entstanden. Der Klinikbetrieb konnte unterbrechungsfrei aufrechterhalten werden.

» **Die Schwierigkeit an der Entscheidung ist: Wie lange sucht man und welches Risiko besteht, wenn man die Suche abbricht? Sind Patienten gefährdet, die sich nicht selbst retten können aufgrund ihrer Bettlägerigkeit? Sind Intensivpatienten betroffen, die nicht selbst atmen können aufgrund ihres aktuellen Zustandes?**

Gleichzeitig gibt es keine hundertprozentige Sicherheit auf dieser Welt. Man muss Entscheidungen treffen. Für mich sind die schwierigsten Entscheidungen diejenigen, bei denen es scheinbar um nicht alles geht und keine akute Situation vorliegt. Und dennoch geht es immer um alles, da ein unentdeckter Glimmbrand Verheerendes auslösen könnte, mit massiver Freisetzung von Kohlenmonoxid und tödlicher Dosis für Patienten und Personal in der Klinik. Die Auswirkungen könnten sich nachts erst ergeben, erst mehrere Stunden, nachdem wir abgerückt sind.

>> Dieses Szenario will man um nichts in der Welt erleben als verantwortlicher Einsatzleiter. Es gibt nichts Schlimmeres für die Feuerwehr, wiederholt zu einem Einsatzort zu fahren, den man bereits freigegeben hat.

VIEL RAUCH UM NICHTS. GRILLEN MIT FOLGEN

Eine ähnliche Situation habe ich bei einem großen Theater erlebt. Und darum ein Theater im wahrsten Sinne des Wortes gemacht. Wenige Minuten vor Aufführungsbeginn einer internationalen Musicalproduktion. Ausverkauft mit mehreren Tausend Personen.

Wir werden über eine ausgelöste Brandmeldeanlage alarmiert. Die Feuerwehrkollegen der Brandsicherheitswache vor Ort haben bei Eintreffen bereits die Anlage ausgelesen.

» Professioneller Empfang anhand der trainierten Abläufe.

Sie weisen uns in die Situation ein. Der Rauchmelder muss im Bodenbereich des Zuschauerraumes liegen. Ansonsten gibt es keinen Ausfall in der Technik oder sonstige Auswirkungen auf die Veranstaltung. Es sind auch keine weiteren Melder eingelaufen.

Die Vermutung: Die Brandmeldeanlage könnte getäuscht worden sein. Wir müssen jetzt circa fünf Minuten vor Öffnung in den Zuschauerraum, um den Melder zu finden und zu kontrollieren. Zuschauerraum bedeutet, in den Tribünenbereich und zwischen den Gästen zu der entsprechenden Bodenplatte zu kommen, unter der der Rauchmelder montiert ist. Das möchte man natürlich verhindern, da es für die Gäste ein ganz besonderer Abend ist, auf den sie sich schon lange gefreut haben.

Ich spreche kurz mit der Veranstaltungsleitung. Wir gehen rein. Die Einsatzkräfte spulen ihr Routineprogramm ab. Die Erkundung im Zwischenbodenbereich ergibt, dass der Melder ausgelöst hat wie gemeldet. Keine weitere Erkenntnis, kein Brandgeruch.

Wir schließen den Boden und erhalten parallel die Auslösung eines Melders im Dachgeschossbereich. Jetzt wird's kurios. Mehrere ausgelöste Melder deuten eigentlich auf ein wirkliches Brandszenario hin

» Jetzt muss entschieden werden: Verzögern wir den Beginn der Veranstaltung oder sagen wir sie ab?

Lassen wir die Veranstaltung anlaufen und halten jederzeit den Joker, das Gebäude zu räumen? Haben wir genug Zeit, bei einem wirklichen Brand Leute noch evakuieren zu können?

» Entscheiden Sie jetzt!

Aufgrund meiner Objektkenntnis lassen wir die Veranstaltung anlaufen. Wir bewegen uns im Umfeld des Zuschauerraums in den unterschiedlichen Geschossen. Ich fordere weitere Kräfte nach, um sofort agieren zu können. Vor allem Rettungsdienstkräfte, wenn wir aus aktuell unerklärlichem Grund doch noch verletzte Personen haben.

» Zeitstrahl: Bis zur Pause der Vorstellung in 45 Minuten müssen wir alle relevanten Punkte überprüfen. Bedeutet, über vier Geschosse umfassende Durchsuchungsmaßnahmen. Gezielt, kompakt, koordiniert!

Mein Bauchgefühl und das der Kollegen sagen, dass es sich um irgendeine Täuschung handeln muss. Die Technik ist sehr neu und wir alle, die vor Ort sind, kennen das Objekt recht gut. Ich rufe den Kollegen an, der das Gebäude am besten kennt. Ihn erreiche ich zu Hause privat und stelle meine Fragen. Er kann sie mir innerhalb weniger Minuten telefonisch beantworten.

 Dies bekräftigt mein Bauchgefühl und wir kontrollieren die Lüftungsanlage, die möglicherweise durch Luftumwälzung Rauch angesaugt hat. Dieser könnte dann auch in den Zwischenbodenbereich des Zuschauerraums gelangen.

Wir suchen gemeinsam mit der Haustechnik die verschiedenen Punkte ab. Kontrollieren den zweiten Melder im Dachgeschoss im Bereich der Lüftungsanlage. Dieser hat ausgelöst, obwohl auch dort kein weiterer Rauch und Brandgeruch wahrnehmbar ist als wir den Teil der Lüftungsanlage öffnen.

Deshalb findet die letzte Maßnahme im Außenbereich des Objekts statt. Von dort kann man an einem schönen Sommerabend in unmittelbarer Nähe einen Balkon sehen, dessen Holzkohlengrill inzwischen wunderbar in Aktion ist. Er wurde vor zirka 30 Minuten angefeuert. Mit an Sicherheit grenzender Wahrscheinlichkeit gehen wir jetzt davon aus, dass der Rauch beim Anfeuern des Grills aufgrund einer Inversionswetterlage in den Bereich des Ansaugens von Frischluft in das Theater gedrückt wurde.

> **Eine kleine und völlig ungefährliche Rauchmenge hatte es in das Lüftungssystem geschafft und der Rauchmelder im Unterboden erreicht.**

Eine verrückte Situation und 45 Minuten Volle Pulle-Arbeit für uns. Da wir die Gefahr für die Veranstaltung und vor allem für die Zuschauerinnen und Zuschauer ausschließen mussten.

Durch die kritische Entscheidung, die Veranstaltung ganz normal anlaufen zu lassen, konnten wir den Einsatz deutlich kleiner halten, wie er eigentlich gewesen wäre. Hätten wir mehrere Tausend Leute betreut, untergebracht oder beruhigen müssen, hätten wir eine Baustelle erhalten, die ein Ausmaß erreicht hätte, welches sehr viele Einsatzkräfte benötigt hätte. Eine kritische Abwägung zwischen Risiko und Verhältnismäßigkeit war zu treffen. Natürlich besonders kritisch, denn die Gefährdung von mehreren Tausend Personen auf seine Verantwortungskappe zu nehmen, muss gut abgewogen und überwacht werden.

Durch die Struktur der Anwendung der Methode, dem vorausschauenden Arbeiten sowie der guten Koordination innerhalb der Teams, in denen jeder wusste, was das Ziel ist, welches in der zur Verfügung stehenden Zeit bis zur Pause innerhalb 45 Minuten erreicht werden musste, haben wir es geschafft.

Aus meiner Sicht können derart kritische Entscheidungen nur mit Teamleistung sicher und mit Vernunft entschieden und durchgestanden werden. Ich alleine hätte keine Chance gehabt, das Gebäude zu kontrollieren und die Veranstaltung weiterlaufen zu lassen. Dazu braucht es immer ein ganzes Team beziehungsweise mehrere Teams, die Hand in Hand rollen, gerecht und zuverlässig mit meinem vollen Vertrauen als Einsatzleiter arbeiten.

Je nach Kenntnis der Teambesetzungen kann man das Vertrauen enger und weiter auslegen. Das ist die Königsdisziplin, wie frei und selbstständig man die Teams koordiniert, kontrolliert und arbeiten lässt. Das ist typenabhängig, tagesformabhängig und muss mit Feingefühl auf einzelne Teams abgestimmt werden.

Jeder tickt hier anders, jeder tickt tagesformabhängig anders, jeder ist ein anderer Stresstyp. Manche Führungskräfte müssen emotional geführt werden, andere rational. Das Feingefühl muss man haben in der Entscheiderrolle, wenn man erfolgreich agieren will in kritischen Situationen. Das gilt aus meiner Sicht für Feuerwehreinsätze genauso wie für unternehmerischen Erfolg, in Organisationen als auch im Sport.

Extro

Gemeinsam in die Zukunft

Die Umsetzung der Vision HELFEN geht regelmäßig so weit, dass das eigene Heim vernachlässigt wird. Bei Unwettern passiert es regelmäßig, dass die Feuerwehr überall hilft. Zu Hause aber nicht. Dort läuft das Wasser aber genauso in den Keller und wird erst im Nachgang beseitigt, wenn alle Einsätze erledigt sind.

>> **In dieser Intensität helfen, das machen immer wieder ehrenamtliche und hauptberufliche Feuerwehrleute. Ich bin immer wieder beeindruckt von der Energie und dem Selbstverständnis. Vor allem, wie es gelebt wird.**

Bei allen negativen Nachrichten, die uns die Medien tagtäglich präsentieren - ein Einsatz, in dem alle anpacken, an einem Strang ziehen, klare Rollen und Funktionen haben, zeigt, wie wir das Land gemeinsam nach vorne bringen können. Wenn jeder seinen oder ihren kleineren und größeren Beitrag leistet. Sich gemeinsam und gegenseitig hilft bei kleinen und großen Sachen.

Die Feuerwehren stecken im größten taktischen Wandel der letzten Jahre. Vermutlich noch nie haben sich mehrere besondere Herausforderungen so schnell und parallel entwickelt. Neben allen neuen Kommunikationswegen ändert sich die Bautechnik rasant, die Mobilität wird elektrifiziert. Das Verhalten von Spontanhelfern aus der Bevölkerung bei Großschadenslagen ist so groß und dynamisch, wie man es bislang nicht kannte. Genauso rasant ändert sich auch das Verhalten in ehrenamtlichen Feuerwehren durch die Beanspruchung und Flexibilität in Beruf und Familie. Alles mit Vor- und Nachteilen.

Hatte man vor 30 Jahren noch Zeit, um sich auf moderne Wohnungsbrände einzustellen, Strahlrohre einzukaufen und Schulungsprogramme durchzuführen, sind in den letzten Jahren neue Herausforderungen entstanden. Etwa der moderne Holzbau, der von 0 auf 100 durch die Decke ging. Hier werden Einsatzkräfte vor Herausforderungen gestellt, die sie in der Art und Weise noch nicht gekannt haben. Noch nie gab es regelmäßig Einsätze von deutlich über 20 Stunden bei einem Brandereignis. Seit wenigen Jahren ist es fast normal und kommt immer regelmäßiger vor, was statistisch nur logisch ist. Bei Brandversuchen zeigen sich hochkritische Entwicklungen mit kompletten Holzfassaden-Einstürzen.

Grund dafür ist die moderne Verarbeitung von Werkstoffen, die man bereits seit Hunderten Jahren verwendet hat. Daran ist aber ein völlig anderes Brandverhalten mit gefährlicher Brandausbreitung geknüpft. Holzdämmstoffe sind so stark imprägniert und behandelt, dass sie teils mehrere Jahre der Witterung ausgesetzt werden können. Das war vor über hundert Jahren mit Lehm-Stroh-Füllungen ganz anders. Diese mussten schnell verarbeitet und geschlossen werden, damit sie vor dem Wetter geschützt waren. Ähnlich ist das Beispiel der Elektromobilität. Innerhalb von ein bis zwei Jahren kommen Zehntausende Fahrzeuge auf den deutschen Markt und produzieren logischerweise auch Unfälle und Brände. Sie sind nicht gefährlicher, lediglich anders. Das muss geschult und fortgebildet werden.

Hinzu kommen neue konstruktive Werkstoffe wie Faserverbundwerkstoffe, die beispielsweise in der Unfallrettung wie auch bei Brandeinsätzen neue Gesundheitsgefährdungen, aber auch Herausforderungen mit sich bringen. Für die Fahrzeugtechnik selbst ein enormer Fortschritt in Sachen Stabilität, Sicherheit und Gewichtsersparnis.

Durch die Komplexität und Geschwindigkeit in IT und Internet ist die Informationsbeschaffung eine ganz andere geworden. Wobei man ehrlich sagen muss: Die Digitalisierung hinkt bei den Feuerwehren hinterher als »typisch« deutsches Problem. Wer privat zum Friseur geht, sieht live, wie viele Personen sich dort aufhalten und ob es sich lohnt, einen Termin anzufragen. Fährt die Feuerwehr zum Einsatzort, kennt sie nur Straße und Hausnummer. Es bedarf eines neuen Datenmanagements, doch wo sind die Grenzen? Skepsis und Bedenken bremsen vielerorts das Schritthalten mit der technischen Entwicklung sowohl im Alltag als auch für den Einsatz.

In der neuen Medienlandschaft entstehen minütlich neue Hypes um Themen. Ein krasses Beispiel, wie schnell die Kommunikation heute läuft und die digitale Medienlage eigene Einsatzlagen darstellt, ist der Vergleich zwischen dem Amoklauf in München 2015 und dem Oktoberfestanschlag in München im Jahre 1980.

Meine Schwiegereltern sind mit ihren Freunden 1980 abends auf dem Münchner Oktoberfest Riesenrad gefahren. Am oberen Ende im Bereich des Haupteingangs hatten sie viel Blaulicht gesehen, als sie mit dem Riesenrad an dessen höchstem Punkt waren. Sie stellten sich sofort die Frage, was da passiert sein könnte. Da es weder Internet noch Handys gab, hatte man gar nichts mehr hinterfragt. Nach der Fahrt im Riesenrad ist man die Abschlussmaß trinken gegangen und dann zurück auf den Campingplatz gefahren. Am Folgetag haben sie auf dem Campingplatz mitbekommen, was sich abends am Haupteingang des Oktoberfestes abgespielt haben soll. In den Nachrichten des Folgetages wurde klar, welches Ausmaß der Anschlag hatte.

Springen wir ins Jahr 2015 – der Münchner Amoklauf, bei dem innerhalb von Minuten Livesendungen, Messenger-Nachrichten und Paniksituationen an Orten entstehen, die nichts mit dem Einsatz zu tun haben. Die Welt blickte innerhalb von Minuten auf München. Live!

Es gab traumatisierte Personen, die in der Münchner Innenstadt Schüsse gehört sowie Blut und Tote gesehen haben wollen. Nur ausgelöst durch moderne Messenger. Diese Personen waren nie in Gefahr in der analogen Realität. In der digitalen Realität hatten sie Todesangst. Paniksituationen im Münchner Hofbräuhaus sorgten dafür, dass sich mehrere Personen ernsthafte Verletzungen zuzogen, als sie in Panik aus den Fenstern gesprungen sind. Allerdings nur wegen eines vermutlich heruntergefallenen Maßkrugs, wie es jeden Tag in einem großen Wirtshaus vorkommen kann.

>> Es gehen zahlreiche Notrufe ein. Die Einsatzleitung muss jeden möglichen Tatort überprüfen. Diverse Maßnahmen in der Stadt verzögern sich.

Heute wissen wir, dass es nur einen Tatort gab, der einen Radius von weniger Hundert Metern hatte. Nicht mehr und nicht weniger. Der Rest wurde ausgelöst durch eine digitale Medienlandschaft und die Tatsache, dass jeder live posten und unbestätigte Gefahren berichten kann. Das hat seine Vorteile und kann positiv genutzt werden. Allerdings muss dafür mit zeitgemäßen KI-Tools gearbeitet werden, um sämtliche Informationen erkennen, analysieren und darstellen zu können. Auf deren Grundlage wiederum Entscheidungen getroffen werden. Arbeitet man heutzutage mit analogen Mitteln gegen die digitale Welt, läuft man chancenlos hinterher.

Gleiches ist bei der Flutkatastrophe im Ahrtal passiert, als die Welle der Hilfsbereitschaft nicht digital durch die Einsatzleitung koordiniert wurde, sondern Influencer den größten Einfluss hatten. Am zweiten Wochenende kam es zum Verkehrskollaps, sodass Einsatzkräfte zum Teil nicht an die zugeteilten Einsatzstellen fahren konnten. Die Spontanhelfer wurden größtenteils koordiniert durch Influencer mit großer Reichweite aus den sozialen Medien.

Sie merken: Dieses kleine Extro hat fast nichts mehr mit dem klassischen Feuerwehrgeschäft zu tun. Wir müssen uns verändern. Wir müssen uns kümmern, dass wir die Gefahrenabwehr effektiv betreiben können. Wir sollten möglichst präventiv vor der Lage in der Lage sein! Die Geschwindigkeit des Wandels muss aufgenommen werden, um zu agieren. Alles Dynamiken und komplexe Herausforderungen, die in den letzten Jahrzehnten an Bedeutung gewonnen haben.

Deshalb hier meine letzten Appelle an Sie: Halten Sie den Kopf hoch und seien Sie wach für neue Ideen und Entwicklungen. Im Zweifel entscheiden Sie mit Blick nach vorne. Immer Stück für Stück. Mit dem Blick nach hinten merken Sie, welche Distanz Sie bereits zurückgelegt haben.

» Ganz dem Motto des Buches entsprechend: Strukturiert mit klaren Schritten nach vorne! Volle Pulle, ganz gemütlich!

DANK

Der größte Dank gebührt neben meinem Freund und Mitautor Dominik Klein allen Förderern, Kritikern und Vertrauten auf meinem Weg sowie dem Verlagsteam von Murmann Publishers und vor allem meiner Frau Dorina. Sie hat dem Buchprojekt trotz aller Themen mit beruflichem Wechsel und Umzug in die Heimat zugestimmt. Dorina trifft viele Sofortentscheidungen im Alltag, deren Wichtigkeit immer wieder bei schwierigen, kritischen oder langen Einsatzlagen herunterfallen. Diese aber sind nicht weniger wichtig für den Familienbetrieb. Denn unser Fundament sind die Familien, die Kinder, Freunde und das gemeinsame Leben!

Druckprodukt mit finanziellem
Klimabeitrag
ClimatePartner.com/12752-1803-1001

Zum Ausgleich für die entstandene CO2-Emission bei der Produktion dieses Buches unterstützen wir die Bereitstellung von effizienten Kochöfen in Sambia. Die verbesserten Kochöfen verbrauchen zwei Drittel weniger Brennmaterial und verringern so nicht nur den CO2-Ausstoß, sondern auch die Rodung der lokalen Wälder. Durch die bessere Luftqualität in den Räumen werden Atemwegserkrankungen verringert, und Familien können Zeit und Geld sparen, da weniger Brennmaterial benötigt wird.

Bibliografische Information der Deutschen Nationalbibliothek. Die Deutsche Nationalbibliothek verzeichnet diese Publikation in der Deutschen Nationalbibliografie; detaillierte bibliografische Daten sind im Internet über http://dnb.de abrufbar. Das Werk einschließlich aller seiner Teile ist urheberrechtlich geschützt.

2. Auflage 2025
Copyright © 2024 Murmann Publishers GmbH, Hamburg

Designkonzept und Grafiken: Marie Radtke und Marie Leidinger, Berlin
Druck: DZS Grafik, Ljubljana
Printed in Maribor

ISBN 978-3-86774-798-1

Besuchen Sie uns im Internet: www.murmann-publishers.de
Ihre Meinung zu diesem Buch interessiert uns!
Zuschriften bitte an info@murmann-publishers.de
Den Newsletter des Murmann Verlages können Sie anfordern unter
newsletter@murmann-publishers.de